돼지고기 반 근

— 정성화 수필선

현대수필가100인선 II · 7

수필과비평사 · 좋은수필사

돼지고기 반 근

정성화 수필선

책머리에

    수필은 누구나 부담 없이 읽고, 마음만 먹으면 직접 쓸 수도 있는 가장 친근한 문학이다. 다른 영역의 문학이 영상매체에 밀려 신음하고 있는 중에도 수필 인구만은 날로 증가하여 바야흐로 수필 전성시대를 구가하고 있는 이유도 거기에 있을 것이다.
    시대적 추세에 힘입어 수많은 수필전문지, 수필동인지가 창간되고, 이에 비례하여 신진 수필가도 날로 늘어나다 보니 이제는 그 많은 작가, 그 많은 작품 중에서 문학성 높은 작품을 가려 읽는 일이 쉽지 않게 되었다. 이런 현상은 작가에게나 독자에게나 결코 바람직한 일이 아니다. 더 나아가서는 수필을 연구하는 후세들에게도 큰 부담이 될 것이다.
    이런 문제를 해결하는 데는 출판인도 마땅히 한몫을 감당해야 한다는 평소의 소신에 따라, 본사가 기꺼이 그 역할을 맡기로 했다. 그 첫 번째 사업으로 시대를 대표할 만한 수필가 100인을 선정하고, 작가가 자선한 40편 내외의 작품을 수록한 문고본을 발간하여 이를 널리 보급함으로써 그 소임을 다하고자 한다.
    본사는 사명감을 가지고 이 사업을 추진해 나가기로 했다. 작가 선정을 전담할 편집위원회를 구성하고 전권을 위임하여 일체의 사적인 정실이나 청탁을 배제함으로써 전문성과 공정성을 확보해 나갈 것이다.
    따라서 이 기획물 속에는 작가의 문학정신뿐만 아니라, 본사의 문학사적 기여 의지와 편집위원 제위의 수필문학에 대한 애정과 문인으로서의 양심이 함께 담겨 있음을 자부한다. 다만, 작가를 선정하는 기준에는 많은 견해의 차이가 있을 수 있고, 선정 과정에서도 미처 챙기지 못한 부분이 있을 것이라는 사실만은 인정하지 않을 수 없다. 이 점에 대해서는 관계자 여러분의 양해 있으시기 바란다.

  이 시리즈의 발간 순서는 작가, 또는 본사의 사정에 의한 것일 뿐 그밖의 어떤 기준도 적용하지 않았음을 밝힌다.

  본 기획물이 시대를 초월한 많은 수필 애호가들의 관심과 애정 속에 우리나라 수필문학 발전에 한 이정표가 되기를 바랄 뿐이다.

  본사에서는 이상과 같은 취지로 《현대수필가 100인선》전 100권을 완간하여 큰 반향을 불러일으킨 바 있다.

  그러나 우리 수필문단의 규모나 수필문학의 수준에 비추어 선정 작가를 100인으로 한정하는 것은 형평성이나 효율성 면에서 크게 부족하다는 의견이 많았고, 본사 또한 이를 통감하던 터라 기꺼이 《현대수필가 100인선 Ⅱ》를 발간하기로 했다.

  본사의 충정에 찬동하여 출판에 응해주신 저자 여러분께 진심으로 감사한다.

2014년 12월

수필과비평 · 좋은수필 발행인   서정환

현대수필가 100인선 간행 편집위원   박재식 최병호

정진권 강호형

오세윤

책머리에 — **04**

제1부
전망 좋은 방

소금쟁이 — **12**
돼지고기 반 근 — **17**
언플러그드 풍경 — **21**
못 — **25**
버티고 vertigo — **29**
전망 좋은 방 — **34**
동승 · 1 — **38**
버드나무 — **43**
사투리에 대하여 — **47**
팔자를 생각하다 — **52**

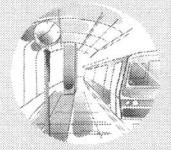

제 2 부
지하철 역에서

소울 푸드 soul food ― **58**
지하철 역에서 ― **62**
동생을 업고 ― **66**
곰장어는 죽지 않았다 ― **71**
침향 ― **74**
갑과 乙 ― **78**
대구야, 내다 ― **82**
강바닥을 찾아서 ― **87**
뒷모습 ― **90**
죽방렴 ― **94**

제3부
남편 사용설명서가 없어서

동승 · 2 — **100**

고등어 — **104**

남편 사용설명서가 없어서 — **108**

가오리연 — **112**

크레파스가 있었다 — **117**

착지 — **122**

풍로초 — **126**

기차는 그냥 지나가지 않는다 — **131**

벽보 붙이는 밤 — **135**

119로 산다는 것 — **139**

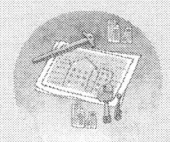

제4부
집을 그리는 여자

미얀마선원 — **146**
그녀는 맏이였다 — **150**
갑오경장 두 달째 — **154**
자존심에 대하여 — **158**
밥 — **163**
집을 그리는 여자 — **167**
행복 — **171**
오십대를 저글링하다 — **174**
사돈을 기다리는 방 — **178**
기다린다는 것은 — **182**

작가 연보 — **185**

전망 좋은 방

1

소금쟁이
돼지고기 반 근
언플러그드 풍경
못
버티고 vertigo
전망 좋은 방
동승 · 1
버드나무
사투리에 대하여
팔자를 생각하다

소금쟁이

 한 달 후에 보자며 남편은 내게 악수를 청해왔다. 육만 톤의 광탄선이 대어있는 부두 앞에서였다. 대사를 잊은 남녀 주연배우처럼 우리는 말없이 서로의 손을 잡았다.
 그 때 멀리서 차 한 대가 우리를 보았는지 더 속력을 내어 달려오고 있었다. 나를 시외버스 주차장으로 데려다줄 차였다. 갑자기 마음이 급해졌다. 이럴 때는 남편의 얼굴을 한번이라도 더 봐두는 게 좋을지, 아니면 잡고 있는 남편 손의 감촉을 기억하는 게 더 나을지.
 나를 태운 차가 부두에서 멀어지는 동안, 나는 뒷 유리창으로 남편을 계속 바라보았다. 그는 바지주머니에 양손을 찌른 채 그대로 서 있었다. 까만 근무복을 입은 그의 뒤편으로 푸른 바다가 점점 넓어지고 있었고, 이제 그는 물 위에 떠있는 소금쟁이처럼 작아 보였다.

　소금쟁이는 '소금장수'라고도 불린다. 무거운 소금자루를 지고 일어서기 위해 다리를 양쪽으로 벌린 채 힘을 쓰는 소금장수의 모습과, 물에 빠지지 않기 위해 다리에 안간힘을 쓰고 있는 이것의 모습이 닮아서 붙여진 이름이라 한다.

　소금쟁이처럼 수면水面을 생활의 터전으로 삼고, 소금쟁이처럼 물 위에서 균형을 잡아야 하는 남편. 내 앞에서는 마치 수상 스키 선수처럼 한껏 폼을 잡지만, 바다 위에서는 한시도 긴장을 늦춘 적이 없었을 것이다. 눈앞의 바다뿐 아니라, 외로움과 쓸쓸함의 바다, 그리움과 안타까움의 바다 등, 그의 앞에는 언제나 건너야 할 바다가 있었으므로.

　남편은 헤어지면서 내 손을 꽉 잡았다. 아기를 낳아 처음으로 품에 안았을 때의 일이 떠올랐다. 배냇저고리 소매 안으로 보이는 아기의 손을 조심스레 만져보는데, 아기가 눈을 감은 채 내 손가락을 잡았다. 의외로 강한 힘이었다. '엄마를 믿고 이 세상에 왔어요.'라는 의미로 느껴져 나는 눈물이 핑 돌았다. 남편의 손도 아마 그런 말을 하고 싶었을 것이다. 당신을 믿고 이제 저 바다로 달려 나가겠다는 말을.

　오래 전의 일이다. 추적추적 늦가을비가 내리던 어느 날, 부산 외항外港에 정박 중인 남편의 배에 가기 위해서 통선장[1]에 갔을 때다. 빗물이 뚝뚝 떨어지는 처마 밑에서 러시아 선원으로 보이는 세 사람이 쭈그리고 앉은 채 컵라면을 먹고 있었다. 비에 젖은 몸을 덥혀보려는지 그들은 연신 뜨거운 국물을 들이켰다. 그들은 비에 젖어 떨고 있었고, 나는 삶의 뒷모습이란 저토록 애절하고 허기진 것이던가 싶어 몸이 떨렸다. 내 남편도 이국 땅 어느 낯선 거리의 처마 밑에 저렇게 쭈그리고 앉아서 더운 국물을 들이켰을 것 같아 눈시울이 뜨거웠다.

소금쟁이 남편을 만나러 갈 때면, 나는 한 마리 물방개가 된다. 생긴 내 모습이 동글동글 올록볼록 한데다, 마음까지 한껏 부풀어 오르니 영락없는 물방개다. 찰밥을 한 통 해 담고, 떡은 쉬지 않게 얼려서 넣으며, 밤과 땅콩은 삶아서 넣고 고구마는 날 거로 몇 개 집어넣는다. 그리고 식혜까지 보따리에 찔러 넣으면 제법 큰 부피가 된다.

남편에게 가는 길은 멀다. 그래도 보따리를 보면 힘이 난다. 내가 보따리를 들고 가지만, 때로는 보따리가 나를 달래며 먼 길을 함께 간다. 살아가는데 자식이 짐이라고 말할 때도 있지만, 때로는 자식 때문에 힘을 낸다고 말하는 것과 같은 이치다.

늦은 밤 업무를 마치고 선실에 내려온 그가 출출할 것 같아 생고구마를 깎아 건넸더니, 마치 어머니가 살아 돌아오신 것 같다고 했다. 그럼 다음에는 머리를 길러 아예 비녀까지 찌르고 오겠다고 했더니, 마음대로 하라며 남편이 소리 내어 웃었다. 어머니에 대한 얘기만 나오면 금세 얼굴이 환해지는 사람이다.

아내의 역할 중에는 남편에게 어머니에 대한 기억을 되살려 주는 부분이 들어있지 않을까. 불교에서는 시어머니와 며느리의 관계를 전생前生에서 친정엄마와 딸의 관계였다고 한다는데, 그렇다면 며느리가 시어머니를 닮아가는 것은 아주 자연스런 일이라 하겠다. 닮았다는 것보다 닮아간다는 것에 나는 의미를 둔다. 그것은 어떤 노력 없이 되는 일이 아니기에.

잠든 남편을 보고 있으면 발목이 왠지 시려 보인다. 가족이라는 사슬, 밥벌이라는 사슬이 걸려있는 자리여서일까. 잘난 남편, 강한 남편의 모습을 보여줘야 한다는 강박관념도 또 하나의 사슬이었으리라.

이런 저런 말로 남편의 기를 꺾는 것은 소금쟁이의 다리 하나를 부러뜨리는 일이다. 더 빨리 달려보라고 자꾸 다그치다 보면 멀쩡하던 다리도 맥없이 떨어져 나간다. 다리를 잃은 소금쟁이는 달리지도 걷지도 못한 채 흔들리는 물살에 제 몸을 맡길 수밖에 없을 것이다.

혼탁한 세상 속으로 어쩔 수 없이 뛰어들지만, 우리는 더러운 웅덩이에 발을 담그지 않으려고 조심한다. 자신의 것이면서도 마음대로 움직여주지 않는 다리 때문에 절망할 때도 많다. 그러고 보면 우리 모두가 이 세상을 정처 없이 떠도는 소금쟁이가 아닌가 싶다.

동요 '달 마중'에 나오는 소금쟁이는 행복하다. 비단 물결이 남실남실 어깨춤을 추고 머리 감은 수양버들이 거문고를 타는 밤에, 소금쟁이는 달빛을 받으며 냇가에서 즐겁게 맴을 돈다. 무엇이 그토록 소금쟁이를 행복하게 할까. 그것이 바로 내가 알아내어야 할 소금쟁이의 비밀이다.

(Endnotes)
1 통선장 : 기상 조건이나 부두사정이 맞지 않아 부두에 미처 배를 대지 못하면, 임시로 외항 쪽에, 앵커를 놓게 되는데, 이때 본선까지 사람을 실어다 주고 데려오는 연락선이 머무는 선착장.

돼지고기 반 근

 대학교 입학시험에 떨어진 날 밤이었다. 어두운 얼굴로 나가신 아버지는 밤늦도록 돌아오지 않았다. 많은 발걸음 소리가 우리 집 대문을 그냥 지나쳐버렸다. 소금이 물에 녹아내리듯 내 몸도 슬픔에 조금씩 녹아내려 이제 남은 것이라곤 아버지를 기다리는 귀 두 개뿐인 듯 했다.
 분명히 있으리라 생각했던 내 이름이 합격자 명단에 없었다. 눈이 먼저 보고 머리로 연락을 취한 그 순간, '아' 하는 소리도 나오지 않았다. 게시판에 한 발 더 가까이 다가갔다. 어디에도 내 이름은 없었다. 누군가 뒤에서 밀며 머리를 좀 치우라고 했다. 시험에 떨어진 사람의 머리는 뒤에서 봐도 눈에 영 거슬리는 모양이었다.
 골목으로 접어든 바람은 모두 우리 집 대문을 흔들고 있는 게 분명했다. 섣달 바람이 지루한 겨울밤을 보내는 한 가지 방법이려니 생각하자 다소 마음이 누그러졌다. 대문에 걸어둔 우편함도 덜컹대고 있었다. 자랑스러운 대학합격통지서를 담게 되리라던 제 예상이 빗나가서 제 딴에도 꽤 속이 상한 모양이었다.

이젠 낡아서 틈새가 벌어진 대문 두 짝이 계속 삐거덕대는 소리를 내고 있었다. 쇠로 된 문고리가 철판에 부딪히는 소리도 간간이 들려왔다. 내 속에서 나오는 소리 같기도 했다.

바람에 채이고 멱살을 잡히면서도 대문은 그 자리에 그대로 서 있었다. 맨 앞에 서서 고스란히 비바람을 맞고 있는 대문, 자신이 보듬고 있는 것들을 지키기 위해 끝없이 참고 있는 대문을 보면 나는 늘 아버지가 연상되었다.

아버지의 발걸음 소리는 두 가지였다. 술을 드시지 않았을 때는 군인 출신답게 아주 규칙적인데 비해, 술을 드시고 오는 날의 발걸음 소리는 구두 밑창이 바닥에 조금 끌리면서 장단이 좀처럼 맞지 않았다.

간간이 발걸음 소리가 끊어지기도 했다. 아버지는 그 때 골목 중간쯤에 있는 전봇대나 담벼락을 붙잡고 밤하늘을 올려다보았을지도 모른다. 희망이라는 것들은 죄다 하늘로 올라가서 이제는 따오지도 못할 별이 되고 말았다는 아버지의 푸념 소리가 골목 어딘가에 남아 있을 것 같다.

밤이 깊어갈수록 내 귀는 더 밝아졌다. 옆에서 잠든 동생들은 내 낙방 사실을 잊었는지 편안한 숨소리를 내고 있었고, 안방에 계신 어머니도 아무 기척이 없었다. 차라리 고마운 일이었다. 슬픔과 아픔에 절고 절어 내 몸이 오롯이 소금 한 줌으로 남는다 해도 나 혼자 감당하고 싶었으니까. 그런데 아버지는 이 밤 어디에서 이 못난 딸의 슬픔을 되새기고 계시는지.

잠깐 잠이 들었던 모양이다. 철커덕, 대문 흔들리는 소리가 났다. 벌떡 일어나 달려 나갔다. 내복 바람의 어머니도 부스스한 머리칼을 손가락으로 훑어 내리며 마루로 나오셨다.

대문에 들어서는 아버지에게서 술 냄새가 확 풍겨왔다.

"아버지…."

"어이구, 이 가서나야."

아버지도 목이 메는 듯 목소리가 갈라졌다. 부축하려는 나에게 아버지는 잠깐 있어 보라고 했다. 그리고 잠바 안주머니에 손을 넣어 뭔가 꺼내려고 애를 쓰셨다. 휘청거리는 아버지 손끝에 겨우 딸려 나온 것은 신문지에 둘둘 말린 무엇이었다. 마루 끝에 서 있던 어머니가 그게 뭐냐고 물었다.

"돼지고기 반 근이다."

내게 그 뭉치를 건네주시며 아버지는 내 어깨를 한 번 짚으셨다. 그 순간 내 속이 다 녹아내리는 것 같았다. 아버지 품 속의 온기가 아직 남아 있는 돼지고기 반 근을 손에 들고 나는 그대로 마당에 서 있었다.

"너거 아버지는 돈이 없어서 너거들 소고기도 못 사 먹인다."

는 혼잣말을 하며, 아버지는 어머니의 팔을 잡고 힘겹게 마루를 오르셨다.

바람 부는 거리에서 식육점 문을 두드리는 아버지, 지갑을 펴 보며 '돼지고기 한 근'에서 '반 근'으로 다시 고쳐 말하는 아버지, 집으로 돌아오는 길에 비틀거리면서도 간간이 안주머니께를 더듬어보는 아버지의 모습이 떠올랐다.

마당에 서서 밤하늘을 올려다보았다. 그 때 나는 마음속 활시위를 한껏 당겨 아버지를 위한 별 하나를 쏘아 올리고 싶다는 생각을 했다. 아버지의 낡은 구두를 비춰줄 별, 아버지가 올려다보면 어느새 어깨쯤까지 다정히 내려와 주는 별 하나를.

슬픔의 무게는 얼마나 되는 걸까. 그것은 고작 반 근의 무게밖에 되지 않는 것 같다. 신문지가 엉겨 붙은 돼지고기 반 근과 맞바꿀 수 있었던 그날의 슬픔을 돌이켜보면.

아버지의 사랑은 한 손으로 들 수 없는 무게였다. 참으로 온전한 한 근이었기 때문이다.

언플러그드unplugged 풍경

 창고에서 가장 큰 가방을 꺼냈다. 앞뒤로 볼록한 가방의 모양새가 내 마음을 부풀게 했다. 사실 나를 더 설레게 하는 것은 남편을 떼어놓고 간다는 거였다. 내 옷, 내 신, 내 모자, 내 화장품 등, 내 소지품만으로 여행 가방을 꾸리는 것으로도 스트레스가 반은 풀리는 것 같았다.
 그가 오랜 승선생활을 끝내고 내 곁으로 돌아왔을 때, 나는 모든 게 감격스러웠다. 칫솔 통에 그의 칫솔이 꽂혀 있는 것, 그의 속옷이 빨랫줄에 널려 있는 것, 외출에서 돌아와 현관문을 여는 순간, "당신이야?" 하는 남자 목소리가 들려오는 것만으로도 행복했다.

마법은 오래 가지 않았다. 어느 날부턴가 우리는 서로를 불편하게 여기기 시작했다. 배에서는 선장의 말 한 마디에 모두가 "Yes, Sir"을 외치는데, 마누라는 예사로 반기를 드니 당황스럽고 서운하다고 했다. 나는 나대로 그가 나의 살림살이에 지나친 관심을 갖는 것과 간섭하는 게 싫었다. 마누라가 어묵조림에 흰 설탕을 쓰든 황색 설탕을 쓰든 상관하지 말았으면 싶었고, 내가 시장에 가려고 할 때 눈치도 없이 먼저 장바구니를 들고 현관에서 기다리지 않았으면 싶었다. 한 달에 보름 정도는 출근하지 않는데다, 비번인 날이면 늘 집에 있는 그가 부담스러웠다. 김밥 중에서 꽁지 부분이 가장 맛있는 이유는 한 쪽이 탁 트여있어서 그런 게 아닐까. 차츰 나만의 자유가 그리웠다. 내 인생은 왜 '변비 아니면 설사'인지 하늘이 원망스러웠다.

　얼마 전부터 무슨 일을 해도 재미가 없고, 하고 싶은 일도 없으면서, 괜히 초조하고 불안했다. 내가 마치 '장구 깨진 무당'의 처지가 된 것 같았다. 나도 내 자신을 어떻게 조율해야 할지 답답하기만 했다. 나에게 필요한 것은 '너는 할 수 있다'는 응원도, '그 정도는 괜찮다'는 위로도 아니었다. 나의 의욕과 자신감을 회복시켜 줄 어떤 계기가 필요했다. 그 때 마침 여행을 가자는 제의가 들어왔다. 인터넷 접속이 제대로 되지 않을 때, 플러그를 잠시 뺏다가 다시 끼우는 것도 한 가지 방법이 되듯, 나도 내 자신의 플러그를 잠시 빼어놓는, 언플러그드unplugged 상태가 되고 싶었다.

　공항을 떠나는 순간, 나는 그저 여권에 적혀있는 '생물학적인

나가 되었다. 이름과 국적, 생년월일과 주민등록번호만이 나의 존재를 증명했다. 내가 살아온 공간에서 빠져나가는 데 이런 최소한의 사실만 필요하다는 게 아이러니컬했다. 내 남편이 누구인지, 내 취미나 내 직업, 내가 살고 있는 집의 가격 따위는 필요치 않았다. 그런 것들은 내 등 뒤로 닫히는 출국장 너머에 두고 갈 것들이었다. 누군가와 쉴 새 없이 접속하고, 끝없이 나를 설명하고, 상대방으로부터 이해와 판단을 강요받던 나로부터 벗어나는 것, 여행은 그것만으로도 '기립 박수' 감이었다. 일상의 반대방향으로 핸들을 꺾어 가게 된 나라, 내 인생과 그다지 상관없어 보이던 나라, 스페인과 포르투칼의 수많은 문화유산을 둘러보았다. 이 세상이 한 권의 책이라면, 나는 그동안 한 페이지만 계속 들여다보고 있었던 셈이다. 그곳에서 나는 처음 보는 페이지들을 꽤 집중력 있게 들여다보면서 내 자신을 방전시키기도 하고 충전시키기도 했다.

결혼식을 마친 신혼부부는 우선 여행부터 떠난다. 여행이 그만큼 큰 행복감을 주는 '쉼'의 방식이기 때문이다. 여행이란 인생을 길게 사는 방법이기도 하다. 시간을 이동할 수 없는 인간이 넓은 범위의 자유를 가지려면 다른 공간으로 이동할 수밖에 없지 않을까. 그리고 여행이란 내가 알고 있는 형용사와 동사의 리얼리티를 경험하는 일이기도 했다. '알함브라 궁전'과 세계적인 건축가 가우디가 설계한 '성가족성당'을 보면서 '기가 막힌'이라든지 '전율이 흐른다'라는 말의 의미를 온몸으로 느꼈다.

지중해변에 있는 어느 식당에 갔을 때다. 해물볶음밥이 너무 맛있어서 요리사를 향해 엄지손가락을 번쩍 치켜들었더니 함박웃으면서 요리 한 접시를 더 갖다 주었다. 우리 동네 청화반점 주인아저씨처럼 말이다. 세상 어디든 인정을 베푸는 모습은 비슷한 것 같았다. 마른 스펀지 같던 내 마음 속으로 물기가 조금씩 스며들고 있었다. 한국을 떠나온 후 처음으로 남편 생각이 났다.

소박한 눈으로 보자면 여행이란, 일상이라는 호수에 던져진 하나의 돌멩이에 지나지 않는다. 흔들리던 수면도 곧 잠잠해진다. 바닥에 가라앉은 돌멩이가 이따금 들썩거리겠지만, 일상의 수평은 바뀌지 않는다. 바닥의 돌멩이를 이따금 들여다보면서 혼자 미소를 짓는 것, 그것만으로도 여행의 의미는 충분하지 않을까.

역사적 문화적 의미가 축적되어 있는 그 곳에 머무는 동안, 정말 오랜만에 내 속이 '말'로 가득차고 있다는 느낌이 들었다. 플러그를 빼어놓고 떠난 여행길에서 나는 한동안 잃어버렸던 내 자신과 다시 접속하고 있었다.

여행에서 돌아오던 날, 남편이 공항에 마중 나와 있었다. 열흘 만에 본 그의 얼굴이 홀쭉해 보였다. 마누라가 없는 동안 자유를 마음껏 누렸느냐고 물었다. 그는 불쌍한 표정을 지으며 대답했다.

"마누라가 없으니 심심해서 딸꾹질도 반갑더라."

아, 나는 다시 구속되는 건가.

못

 이삿짐을 싸놓고 집을 둘러보았다. 살다가는 흔적이 여기저기에 남아있다. 액자를 떼어낸 곳의 벽은 당황했는지 창백해 보이고, 소파가 놓여있던 자리에는 네 발의 자국이 선명하다. 또 형광등에 붙여놓은 별 스티커는 아직 이사 소식을 모르는지 여전히 반짝거리고 있다.
 군데군데 먼지가 솜사탕처럼 뭉쳐있다. 가볍게 공중을 날아다니는 것으로만 알았는데 어느새 먼지도 집을 짓고 있었다. 집이란 사람만 쉬는 곳이 아니라, 먼지 또한 조용히 내려앉아 쉬는 곳이었던가 보다.
 이 집에 이사를 왔을 때 비어있는 벽은 왠지 무뚝뚝해 보였다. 그래서 환하게 웃는 우리 가족사진과 추가 귀엽게 흔들리는 벽시계를 걸어주었다. 또 다른 벽에는 풍경화 한 점을 걸어주었다. 그러자 벽은 이내 다정한 표정을 지었다.
 걸었던 것을 다 떼어낸 지금, 벽은 생기를 잃은 듯하다. 간간이 남은 못자국이 쓸쓸해 보인다. 어깨에 남은 우두 자국 같다. 찢겨진 벽지와 떨어져 나간 시멘트 조각, 움푹 팬 구멍으로 인해, 못자국은 마치 옛날의 영화와 권세가 사라진 빈집처럼 느껴진다. 또 회복되지 않을 상실감과 보낸 것에 대한 회한悔恨을 품고 있는 듯이 보인다. 못자국이란 벽속에 자리 잡고 있는 그 집의 추억들이 조용히 숨을 고르는 숨구멍인지도 모르겠다.
 어쩌면 나 역시도 신神이 이 세상에 박아놓은 못이 아닐까 싶다. 이 못에 신은 무엇을 걸어두고 싶었을까. 나는 지금 튼실한 못으로 살아가고 있는 걸까. 그러나 더 이상 걸어둘 게 없어진다면 신은 미련 없이 내 정수리에 장도리의 날을 들이대겠지. 그리고 가뿐히 뽑아내 버리겠지. 이런 생각을 하는 순간 발바닥에 힘이 쥐인다. 내 발은 뽑히지 않으려고 안간힘을 쓰는 질경이 뿌리가 된다.
 뽑는 자와 뽑히는 자의 경계선상에 신과 인간이, 장도리와 못이 있다. 그렇게 갈라지는 기준이 정말 '필요와 불필요'뿐일까 생각하면 쓸쓸하다. 신은 내 목에 뭘 걸어두고 싶었을 텐데, 나는 본분에 충실치 못하고 못의 형상을 이용해 다른 이의 가슴을 찌르고 다니기가 일쑤였다. 나의 가족뿐 아니라 친구, 친척, 시댁 식구 등 그 대상을 가리지 않았던 것 같다. 더 부끄러운 일은 나보다 더 힘들게 사는 이의 가슴팍까지 찌르고 다녔다는 것이다.

개구즉착開口卽錯이라 했다. 입을 여는 순간에 어긋난다는 뜻이다. 내 입 안의 혀를 제대로 단속하지 못해 얼마나 많은 낭패를 겪었는지 모른다. 또 게릴라처럼 치고 빠지는 말투 때문에 오해를 산 적도 많다. 내 혀가 또 하나의 못이었던 것이다.

나라고해서 못에 찔리지 않은 것은 아니다. 결혼한 지 얼마 되지 않았을 때다. 방안에 둘러앉아 얘기를 나누던 시누이들이 갑자기 목소리를 낮추는 게 심상치 않았다. 나도 모르게 귀를 기울이게 되었다. 시집을 오면서 그렇게 맨몸으로 오다니 얼굴도 참 두껍다고 했다. 그것은 부엌에서 일하고 있는 나를 두고 한 말이었다. 그 말은 곧장 날아와 내 가슴에 단단히 박혀버렸다. 그 때 박힌 못 때문에 나는 결혼한 지 이십 년이 넘도록 공밥을 먹고 있지 않으며, 그 못에다 책과 분필과 지우개 보따리를 걸어두고 있다. 못이란 꼭꼭 다진 마음 보따리를 걸어두기에 딱 알맞은 곳이었다.

나는 우리 집 남자들에게 고통을 헤쳐 나갈 힘이 없으면 남자가 아니라고 못을 박는다. 불을 밝힐 수 없는 건전지의 운명을 생각해 보라며 한 번 더 장도리로 내려친다. 그러나 못을 내려치는 머리와 못을 빼내주는 날이 나란히 붙어있는 장도리의 모양을 생각하면, 그들의 가슴에 쓸데없이 박혀있는 못을 찾아내어 빼내는 일 또한 나의 몫인 듯싶다.

무슨 얘기를 해도 다 받아주는 사람이 있다. 나만이 이런 아픔을 겪는구나, 이 일을 어찌 감당하랴 싶을 때 나는 그녀를 찾는다. 그 때마다 그녀는 이 세상에 견뎌내지 못할 고통은 없는 거라며, 당신도 이 고통을 견뎌낼 수 있다면서 나를 달랜다. 내가 아무리 진한 슬픔을 들이대어도 그녀는 단번에 그것을 희석시켜 버린다. 그녀의 그런 능력은 어디서 나오는 걸까. 그녀의 가슴에 나 있는 무수한 못자국들이 서서히 마멸磨滅되어 부드러운 스펀지로 변한 것 같다. 그래서 다른 이의 아픔이나 슬픔, 갈등까지 단번에 받아들일 수 있는 게 아닐까.

 사람을 힘들게도 하지만 강하게 하는 못, 나는 이제 더 이상 못을 두려워하지 않을 것이다. 못이 빠져 네 귀가 맞지 않는 상자가 되었을 때, 누구라도 서슴지 말고 내게 다가와 단단히 못질을 해 주었으면 싶다.

 내 스스로 나에게 쳐야할 못은 어떤 것일까. 헐렁해진 못 하나가 손에 잡힌다.

버티고 Vertigo

눈썹 연필을 잡은 손이 떨렸다. 눈썹을 너무 치켜 그리면 팔자가 드세 보인다는 말이 생각나서 다시 눈썹 끝을 얌전히 주저앉혔다. 헤어스타일은 또 어떻게 하나, 미용실에 가면 한 오년쯤 젊어 보이게 해 줄 텐데. 머리에서 발끝까지 모든 부분에 신경이 쓰였다. 얼굴은 얼굴대로, 굵은 허리는 허리대로, 여기는 어떻게 할 거냐며 한꺼번에 내게 보채고 있는 듯했다.

이 모든 허둥거림은 며칠 전에 받은 전화로부터 시작되었다.

"거기 정성화씨 댁 맞습니까?"

"네, 그런데 누구세요?"

"저… H입니다."

그 순간 그에 대한 기억들이 하나 둘 되살아나기 시작했다.

그 옛날 내가 눈부시게 바라보았던 그 사람. 나의 중학교 동기이면서 내가 강의를 들었던 어느 교수님의 동생이었던 그는 늘 쾌활했고 자신감에 넘쳤으며 세련된 매너에다 유복한 가정환경까지 갖춘 사람이었다. 그러나 많은 여학생이 그에게 다가서는 걸 보고 나는 일찌감치 그에 대한 마음을 접어버렸다. 담백한 말투와 태연한 행동으로 그를 견제하며 친구라는 자리를 지켰다. 나에 대한 그의 마음에도 얼마쯤 핑크빛이 번지기 시작했다는 느낌이 왔을 때에도 애써 모른 척 했다.

간간이 그에 대한 소식이 들려왔다. 내 여고 후배와 결혼했다는 소식을 들었을 때는 조금 서운했고, 그의 아내가 아주 미인이라는 소문을 들었을 때는 괜히 기분이 나빴다. 그러나 그가 삼십 대의 나이로 대기업의 이사가 되었다는 소식을 들었을 땐 오히려 덤덤했다.

그러나 이십 사 년 만에 느닷없이 걸려온 그의 전화 앞에서 나는 균형을 잃고 기우뚱거렸다. 말을 더듬으며 간신히 대답만 했다. 그는 중학교 동기로부터 내 연락처와 근황을 알게 되었다며 부산에 가면 한번 만나볼 수 있겠느냐고 물었다.

"그래요, 친구니까 만날 수 있지요."

라고 대답했다. 차 한 잔 하는 것쯤은 누구라도 이해할 것 같았다.

전화를 끊고 얼른 약속 날짜에다 별표(★)를 해두었다. 안방에 들어갈 때마다 달력 속의 별에게 눈길이 갔다. 그 별이 나의 마음에 어떤 생기를 불어넣는 것 같았다.

약속한 날 아침, 무사히 해가 떴다. 화장대 앞에 앉아서도 줄곧 시계를 보았다. 차를 몰고 해운대까지 가는 동안 그의 모습을 상상했다. 풋풋하던 얼굴에 중후한 멋이 곁들여진다면 어떤 모습일까. 어느새 호텔 로비 앞이었다.

커피숍 창가 자리에서 한 남자가 일어서며 내게 손짓을 했다. 그러나 그는 옛날의 H가 아니었다. 갸름하던 얼굴은 둥글넓적해졌으며, 어느새 희끗희끗한 머리칼에다, 팽팽하게 당겨져 있는 양복 상의의 단추는 곧 튕겨 나올 듯했다. 예전에 내 가슴을 태우던 그의 모습은 어디로 다 가버린 걸까.

그의 상의가 왠지 눈에 익었다. 지난겨울 남편과 내가 백화점 매장에서 눈여겨봤던 옷이었다. 비둘기의 목덜미같이 윤기가 자르르한 벨벳 소재의 그 옷을 남편은 마음에 들어 하며 거울 앞에 서서 두 번이나 입어보았다. 그러나 가격표를 보더니 옷을 그냥 제자리에 걸어두었다. 남편의 그 때 모습이 잠깐 내 마음을 스치고 지나갔다.

외모는 변해 있었지만 듣기 좋은 바리톤 음성만은 여전했다. 그는 나에게 아직도 선생님의 이미지를 그대로 가지고 있다고 했다. 동기들 소식과 은사님에 대한 얘기를 했고, 직장 생활과 가족에 대한 얘기도 두루 나누었다. 이제 남은 얘기라곤 그와 나 사이의 옛 얘기뿐인 듯했다. 그가 뭉그적거리며 시간을 끌고 있었다.

잠시 후 그는 조심스럽게 말하기 시작했다. 동기생 한 명이 위암으로 투병중인데 형편이 어려워 수술을 받지 못하고 있다면서,

그의 수술비를 마련하는 일에 도움을 달라고 했다. 나에게 부산 지역의 동기회를 맡아 모금을 좀 해달라고 했다. 그 순간 내 가슴속에서 헛바람이 실실 빠지기 시작하면서 내 속은 차츰 쭈그렁 망태기로 변해갔다.

전투기 추락사고 중 상당한 부분이 버티고(Vertigo : 비행착각)라는 착시 현상 때문이라고 한다. 자신과 비행기의 자세를 착각하는 바람에, 바다 위를 비행하면서도 바다를 하늘로 착각하여 거꾸로 날아간다는 것이다. 고중력 상태에서 수평 감각을 잃은 탓이다. 내게도 그런 버티고 현상이 일어난 것 같았다. 기수를 급하게 돌렸다.

"그래요, 좋은 일 하는데 도와드려야지요."

앞머리카락이 차르르 내려와 눈썹에 걸렸다. 순간, 헤어 드라이 값 육천원 생각에 속이 쓰렸다. 그가 내민 동기생 명단을 얼른 가방에 집어넣었다. 가방을 움켜쥔 손바닥에서 땀이 비질비질 새어나오고 있었다.

그가 시계를 보며 조금만 더 있다 가라고 했다. 집사람과 같이 왔다며 곧 커피숍에 내려올 테니 어디 가서 점심식사라도 함께 하자는 거였다. 마지막 한방에 온'전히 비틀대는 복서Boxer의 모습이 떠올랐다.

벌떡 일어나고 싶어 하는 엉덩이를 억지로 주저앉히며 나는 간신히 말했다.

"아니 됐어요. 부부끼리 오붓하게 드세요."

부산은 어디가 가볼 만하냐는 그의 말에, 나는 닥치는 대로 마구잡이식으로 대답해주었다. 괜히 성질을 내고 있었다.

나는 어서 그 자리를 뜨고 싶었다. 그 녀석의 아름다운 아내와 그 녀석의 행복에 겨운 모습을 보아낼 자신이 없어서였다. '그래 맞아, 사십대 여자는 까마귀도 뒤돌아보지 않는다고 했잖아.' 나는 잠시 잊고 있었던 것이다.

뒤에서 무언가 말하는 그의 목소리가 들려왔지만 나는 스타카토의 발자국 소리를 내며 커피숍을 걸어 나왔다.

"새됐어"

누군가 그렇게 말하고 있는 듯 했다.

전망 좋은 방

우리가 얻은 첫 살림집은 양옥집 이층이었다. 그 집을 얻게 된 것은 순전히 전망이 좋아서였다. 방 하나에 부엌이 딸려 있는 집이었지만, 내려다보이는 과수원은 삼천 평이 넘었다. 이른 아침이면 사과나무 잎사귀에 반사된 은빛 햇살이 방문 앞에 모여들었고, 저녁 무렵에는 사과나무 사이로 옅은 안개가 피어올랐다. 나는 가끔 건너편 과수원 끝으로 가서 우리 방을 바라보곤 했다. 큰 집 위에 살짝 얹어둔 새 둥지 같은 방이었지만, 우리 방은 햇살을 받아 반짝반짝 윤이 났다.

결혼하고 한 달쯤 되었을 때, 시어머니께서 신혼살림집을 보러 오신다는 연락이 왔다. 결혼을 해도 살림살이를 장만해 올 형편이 아니라고 말씀드리긴 했지만, 여고생 자취방처럼 단출한 살림살이를 보여드리려니 마음이 무거웠다. 당장에 텔레비전이라도 한 대 들여놓고 싶었지만, 그럴 형편이 아니었다. 내 표정을 읽은 남편이 어깨를 감싸안으며 걱정하지마라고 했다.

우리 집으로 들어오는 골목이라도 깨끗이 쓸어놓고 싶었다. 한참 쓸고 있는데, "얘야"하고 부르는 소리가 들렸다. 옥색 한복을 곱게 차려입은 어머님이 내 앞에 서 계셨다. 어머님의 온화한 웃음을 본 순간 걱정이 싹 가시었다. 얼른 어머님의 보따리를 받아 들었다. 과수원에서는 연한 분홍빛을 띤 사과꽃이 한창 피어나고 있었다.

어머님을 모시고 계단을 올라 방 앞에 이르렀다. 방문을 열고 들어서려는데, 방안에 있던 냉장고가 갑자기 '츠르륵' 하는 소리를 냈다. 어머님은 놀라서 잠시 멈칫 하셨다. 눈치 없는 냉장고라니.

둘러볼 것도 없는 살림살이였다. 어머님은 놀라지도 서운해 하지도 않으셨다. 평생을 두고 가장 좋을 때이고, 장롱 대신 사과 궤짝을 놓고 살아도 좋을 때이니 서로 의좋게 살라는 말씀만 하셨다. 그가 벌떡 일어나 방문을 활짝 열어젖히며 씩씩하게 말했다.

"어머니, 이 방은 전망이 아주 좋아요. 새소리도 많이 들리구요."

어머님은 아들의 마음을 다 알고 있다는 듯 빙그레 웃으셨다. 그리고는 전망 좋은 방에서 시작했으니, 너희들의 앞날도 그렇게 탁 트일 거라고 하셨다. 그 말씀을 들으며 나는 '예, 어머님. 저희는 꼭 그렇게 될 겁니다. 그렇게 만들겁니다.'라고 다짐했다.

어머님이 양 손에 들고 오신 보따리를 풀었다. 참기름 두 병과

볶은 참깨, 고춧가루, 말린 고사리와 무 말랭이 등. 봉지에 담긴 것들을 풀어헤치니 마치 시골장터를 옮겨놓은 듯했다. 어머님은 속주머니에서 하얀 봉투 하나를 꺼내어 내게 건네주셨다. "신혼살림에 텔레비전은 내가 한 대 사주마."라고 하셨다. 얼마 전 다녀간 동서 형님이 우리 집에 텔레비전이 없더라고 한 모양이다. 어머님이 그 돈을 마련할 수 있는 방법은, 기르는 돼지를 몇 마리 파는 것뿐이었다. 수업 준비물을 빠뜨리고 온 날, 엄마가 어떻게 아시고 그 준비물을 교실까지 갖다 주셨을 때처럼 가슴이 찡했다. 한 쪽이 다 비어있을 어머님의 돼지우리를 생각하니 눈물이 핑 돌았다. 어머님은 어떤 상황에서도 마음의 평정을 잃지 않는 분이었다. 시집오면서 살림살이를 전혀 해오지 않은 며느리에게 그렇게 할 수 있는 분이 또 있을까.

둥근 눈으로 보면 세상이 둥글어 보이고, 모난 눈으로 보자면 세상이 온통 각져 보인다. 언제나 긍정적으로, 곧 좋아질 거라며 우리에게 용기를 북돋워주던 어머님의 마음속에는 자식을 바라보는 '전망 좋은 방'이 하나 있었던 것 같다. 전망 좋은 방이란, 전망이 밝아지도록 도와주는 방이기도 하다. 우리는 그 방에 살면서 많은 꿈을 꾸었고 조금씩 꿈을 이루어갔다. 그 방이 우리로 하여금 세상을 긍정적으로 보게 했던 게 아닐까 싶다.

그 날 어머님은 해가 지기 전에 가야한다며 일찍 일어나셨다. 새색시에게 상 차리는 부담을 덜어주기 위해 핑계를 대는 것 같았지만 너무 완강하셔서 더 붙잡을 수가 없었다. 어머님은 버스가 떠나기 전에 내 손을 꼭 잡으며 말씀하셨다. "아가, 아무쪼록 잘 부탁한다. 너만 믿고 간다."라고.

집으로 돌아오니 어느새 뉘엿뉘엿 해가 지고 있었다. 과수원 건너편 집들에도 하나 둘 불이 들어오고 있었다. 그날따라 노을이 얼마나 곱던지. 어머님이 조금 더 계셨더라면 함께 저 노을을 보았을 텐데 싶었다.

나는 지금도 간간이 그 방을 생각한다. 사과꽃보다 더 향기로웠던 어머니의 말씀을 그리워한다.

동 승同乘·1

"스텐바이 올 스테이션! 스텐바이 올 스테이션!"

남편의 목소리가 스피커를 통해 온 배에 울려 퍼졌다. 각자 제자리에 가서 출항 준비를 해 달라는 말이다. 분주한 발걸음 소리와 황급히 문을 여닫는 소리, 그리고 무전기 소리가 간간이 들려왔다.

선실의 유리창이 가볍게 떨렸으나 쿵 하는 소리 한번 없이, 배는 제 선체를 돌려 어느새 방파제 쪽으로 방향을 바꾸었다. 불과 15여분만의 일이다.

이 거대한 선체를 마음먹은 대로 움직이고 있는 선원들은 겨우 스무 명이다. 예나 지금이나 험한 바다로 배를 끌고 나가는 이들은 남자다. 영화 '벤허'에서 시커먼 팔뚝으로 쉴 새 없이 노를 젓던 남자들의 모습이 문득 떠올랐다. 남자, 그들의 힘이 정말 대단하다는 생각이 들었다.

  8층의 선실 창가에 서서 배의 앞머리를 내려다보고 있다. 물 위를 미끄러지듯 나아가는 선수船首를 보면서 나는 오리의 목덜미를 연상했다. 남편은 지금 9층에 있는 '브리지'bridge에서 항로를 찾기 위해 레이더를 들여다보든지, 아니면 망원경으로 배의 전방을 살피며 조타수나 항해사에게 어떤 지시를 내리고 있을 것이다.

  유조선 3항사로서 첫 뱃길에 나섰던 그는 올해로 이십 년째 뱃사람이다. 어린 시절, 고향 시냇가에 종이배를 띄우던 소년이 이제는 드넓은 태평양에 5500 TEU의 콘테이너선을 띄우는 선장이 되어 있다. 지구본을 돌려보면 아시아, 아프리카, 유럽, 아메리카, 그리고 오세아니아 대륙까지 그의 배가 닿지 않은 곳이 없다.

  나는 오늘 부산을 출발해서 광양까지 동승하기로 되어 있는 이 배의 손님이다. 오늘 하루는 나도 이 배의 스크류screw라도 돌리는 기분이 되어보려고 한다.

  아침부터 부슬부슬 내리던 비는 이제 유리창에 굵은 점들을 찍어대고 있다. 멀어져 가는 배를 향해 손을 흔들어주는 하역 인부들과, 건너편 배에서 양 손을 힘차게 흔드는 노랑머리의 외국 선원들의 모습이 비 속에 더욱 다정해 보인다. 햇살이 부서지는 은빛 바다를 기대했었는데, 오늘 바다는 모처럼 온 이 손님을 비에 젖는 모습으로 맞이하고 있다.

  "뚜우~"

  낮으면서도 묵직한 뱃고동 소리가 안개 낀 바다위로 울려 퍼진다. 어미 소가 그리워 울어대는 송아지의 울음을 닮았다. 이틀 동안의 정박 후 다시 바다로 나가고 있는 이 배가 바다의 품에 안기면서 내는 소리다.

방파제를 빠져나와 외항外港에 이르니 물살이 거세어지고 안개가 더욱 기승을 부린다. 여기쯤이던가. 남편이 유럽으로부터 두 달 만에 부산에 돌아오는 날이었다. 선석船席이 다 차는 바람에 부두가 빌 때까지 외항에 정박을 하게 되었다. 내가 그를 만나는 방법은 오직 하나, 4톤짜리 작은 통선을 빌려 타고 외항으로 나가 다시 그의 배에 올라가는 것이었다. 날이 새기만 기다리고 있는데 새벽부터 장대비가 쏟아졌다. 통선이 뜰 수 있을지 걱정을 하며 통선장으로 갔다. 아니나 다를까, 통선장이 텅 비어 있었다.

"오늘은 통선이 못 뜹니다."

남편의 배 선미船尾라도 보일까 싶어 바다 쪽을 바라보았지만, 비바람 치는 바다는 그마저 보여주지 않았다. 찰밥이 든 삼단 도시락이 차츰 식어가고 있었다. 바다 새의 날개라도 잠시 빌려 도시락을 전하고 싶은 심정이었다.

선체에 부딪힌 파도가 이내 하얀 포말이 되어 바다 속으로 사라진다. 우리가 떨어져 지내면서 주고받은 수많은 편지들이 파도의 갈피마다 한 장씩 들어있을 것 같았다. 나는 편지에다 "이쯤의 외로움은 당신을 사랑하는 내 마음에 섞여도 좋은 무늬"라고 썼고, 남편은 나에게 "가족사진을 들여다보고 있으면 당신이 토마토 쥬스를 들고 금방 나타날 것 같다."며 그리움을 전해왔다. 아이들도 삐뚤빼뚤한 글씨로 편지를 썼다. 아빠랑 어서 놀이공원에 같이 가보고 싶다든가 이런저런 선물을 사달라는 내용의 편지였다. 남편도 이런 것을 다 기억하고 있을지.

초대받은 손님답게 나는 선실의 여기저기를 둘러본다. 벽에 걸어둔 프리지아freesia 꽃다발이 눈에 띠어 향기를 맡아보지만 바짝 마른 꽃잎은 아무런 향기가 없다. 가만히 보니 내가 그에게 생일 선물로 준 꽃다발이다. 책상을 덮은 유리덮개 아래에 우리 가족 사진이 들어 있다. 다들 환하게 웃고 있다. 아무리 배가 흔들린다 해도 우리 가족은 조금도 흔들리지 않을 것처럼 보인다. CD 플레이어의 스위치를 켜니 모차르트의 피아노 협주곡 21번이 흘러나온다. 외롭고 단조로운 선상 생활을 그는 클래식 음악으로 달래고 있는 모양이다.

컴컴한 밤바다를 향해 어등漁燈을 밝혀들고 고기잡이를 나서는 부부를 TV에서 본 적이 있다. 배의 키를 잡고 있는 남편 옆에서 아내는 말없이 어구漁具를 챙기고 있었다. 그들은 바다 한가운데로 나가 "어라 차차" 하며 함께 그물을 던지고, 무거운 그물을 함께 끌어올렸다. 부부란 저렇게 그물을 함께 내리고 함께 올리는 사람들이구나 하는 생각이 들었다.

부부란 인생의 항해를 같이 하는 동반자라고 한다. 같은 배를 탄다는 것, 그 동승同乘의 의미는 무엇일까. 단지 같은 배에 오른다는 의미는 아닐 것이다. 쉴 새 없이 배를 흔들어대는 파도를 같이 헤쳐 나가고, 바다 위에서의 두려움과 외로움도 같이 나누며,

그물의 양끝을 서로 나누어 쥐고 바다 앞에 나란히 서는 것, 이 모든 것이 진정한 의미의 동승同乘이 아닐까.

   언뜻 창밖을 보니 어느새 바다 위로 저녁 어스름이 내리고 있다. 몇몇 작은 섬들이 우리 배 옆을 천천히 지나가고 있다. 몇 시간째 브릿지에서 내려오지 못하는 남편을 찾아 나서기로 했다.

   "따닥 따닥"

   구두 소리가 너무 컸다. 그 소리가 다른 선원들에게 아내를 생각나게 할 것 같아 나는 얼른 구두를 벗어 들었다.

버드나무

장터 한복판에 점포도 없는 가정집이 있다는 것은 싱거운 일이다. 왁자지껄한 시장바닥에 양 쪽 귀를 틀어막고 앉아있는 모양새의 집이 바로 우리 집이었다. 그래서 닷새에 한 번씩 장이 서는 날이면 시장판으로부터 온갖 실랑이와 악다구니가, 투박한 경상도 사투리와 육두문자 섞인 욕지거리가 방안까지 차고 들어왔다.

우리 집이 '버드나무집'이라고 불리게 된 것은 집 앞 양쪽에 지붕 높이만한 버드나무가 있었기 때문이다. 방바닥에 누워 창문을 올려다보면 버드나무가 눈에 들어왔다. 천막을 붙들어 맨 줄에 스칠려서 군데군데 나무껍질이 벗겨지고 위쪽으로 갈수록 성한 가지가 없는 나무였다. 때로는 매어놓은 줄이 너무 팽팽해서 나무는 중심을 잃은 채 한 쪽으로 기울어져 있기도 했다.

나무는 우리가 그 집으로 이사 오기 오래 전부터 거기에 있었던 것 같다. 나무 아래의 둥치 부분이 빤질빤질한 게 처음에는 왠지 되바라져 보였는데, 그것은 장터 사람들이 자주 기대어 앉은 탓이었음을 차차 알게 되었다.

장터마다 새로 뿌리를 내려야하는 장꾼들의 삶이란, 가지를 꺾어 땅에 꽂아놓기만 해도 이내 뿌리를 내리는 버드나무를 닮아야 했다. 그 바닥에서 살아남기 위해서는 휘어지긴 해도 부러지지 않는 버드나무 가지가 되어야 했다. 그래서인지 거칠게 갈라져 있는 버드나무 껍질을 보게 되면, '장돌뱅이' 그들 삶의 질곡을 보고 있는 듯했다.

바람이 거세게 부는 날, 버드나무는 천막이 날아갈까 봐 천막 주인보다 더 안절부절못했다. 또 무더운 날에는 얼마 되지 않는 그늘로 장터사람들을 불러들이기도 했다. 버드나무는 그렇게 장터 식구가 되어 있었다.

우리 집 앞에는 고구마장수가 늘 자리를 잡고 앉았는데, 뙤약볕에 그을려 고구마보다 더 짙은 구릿빛 얼굴을 하고 있었다. 그는 언제나 한 손에 대저울을 들고 있었는데 장사가 그리 잘 되는 것 같지는 않았다. 손님이 없을 때면 혼자 그 저울을 들고서 접시에 추를 하나 얹어놓고 막대눈금을 맞추어보고 또 추를 하나 더 얹고 하면서 시간을 보냈다. 그의 얼굴은 거기 있는 쇠 저울추를 다 합쳐도 잴 수 없을 듯이 무거워보였다. 어둑어둑해질 무렵 그는 웅크리고 앉은 채, 팔지 못한 고구마를 푸대 자루에다 도로 주워 담았다. 자루 속으로 우두둑 고구마 떨어지는 소리가 들렸다.

고구마 자루는 금세 그의 덩치만 해졌다. 그의 뒷모습을 보면서 나는 삶의 무게를 생각했다. 삶이란 도대체 얼마나 무거운 것이기에 하루를 짊어지기에도 저토록 힘들어 보이는 것일까, 삶이란 아무 짐 없이 가볍게 나서는 산책일 수는 없는 걸까.

시장 바닥을 비질하는 소리와 함께 장터에도 어둠이 내렸다. 나는 우리 집 버드나무가 오늘도 무사한지 걱정이 되어 슬며시 나가 보곤 했다. 버드나무는, 긁힌 자국 정도는 아무 것도 아니라는 듯 가지를 한번 털어 보이고는 이내 저녁 바람을 탔다. 마치 저녁 무렵 놀이터에 나와 아무 걱정 없이 그네를 타는 아이처럼. 그때 버드나무에게 괜찮으냐고 말을 건넸더라면 버드나무는 아마 제 몸을 배배 꼬면서 "이 정도는 괜찮아요."라고 말했을 것 같다.

버드나무 속에는 열熱을 내려주고 염증과 통증을 완화시켜주는 아스피린 성분이 들어있다고 한다. 그 즈음 내가 거의 병을 앓지 않고 지냈던 것도 버드나무가 언제나 내 방 앞을 지키고 서 있었기 때문이 아닐까 싶다.

버드나무가 얼마나 강한 나무인지는 부러진 가지를 보면 알 수 있다. 다른 나무보다 훨씬 빨리 수액이 굳어지고 생채기가 아문다. 그것이 바로 버드나무의 힘인 것 같다. 부드럽게 가닥가닥 풀어지면서도 껍질 속으로는 무섭도록 내공內功을 쌓아가는 나무다. 삶의 가지 하나만 부러져도 어쩔 줄 몰라 하며 부러진 가지 끝만 바라보고 있는 우리들에 비해, 버드나무는 참으로 의연하게 제 삶을 꾸려간다. 우리도 나무를 닮을 수는 없을까. 나무처럼 베

풀고, 나무처럼 견디고, 나무처럼 제자리를 지킨다면 우리의 삶도 그렇게 신산辛酸하지는 않을 텐데.

사람의 몸은 신기하게도 몸속에 어떤 성분이 부족해지면 그 성분이 들어있는 음식물 생각이 간절해진다고 한다. 내가 지금 버드나무에 대한 기억을 촘촘히 짚어내고 있는 것도 내게 그런 버드나무 인자因子가 필요하기 때문이 아닐까. 누군가 나의 가지를 필요로 하고, 나의 그늘을 아쉬워하며, 나의 듬직한 둥치에 기대고 싶어 나를 찾고 있는 게 아닐까.

가지가 꺾이어도 노래를 부르는 버드나무. '삘릴리리 삘리리' 버들피리가 되어 소리 공양供養까지 바친다. 나의 가지 속에는 정녕 어떤 노래가 들어 있을까.

나는 지금 가벼운 감기를 앓으며 마음속으로 그 때 그 버드나무를 쓰다듬고 있다.

사투리에 대하여

 내 귀를 보고 있으면 좀 안 되었다는 생각이 든다. 내 얼굴에 달린 죄로 오십 년이 넘도록 투박한 경상도 말만 듣고 있으니 말이다. 그래서 세수를 한 뒤에는 귓바퀴 부분을 수건으로 정성껏 닦아준다. 매일 억센 경상도 사투리가 날아와 탕탕 부딪히는데도 나의 귓바퀴는 여전히 그 모양을 유지하고 있으니 용하기도 하다.
 서울 나들이를 가면 부드럽고 나긋나긋한 서울말이 내 귀에 인절미처럼 착착 달라붙는다. 경상도 말은 빠르고 버럭 질러대는 고함 스타일에다 말 줄임이 심해서 상대방이 알아듣기 힘든데, 서울말은 상냥하고 경쾌해서 누구라도 알아듣기 쉽다.
 기차를 타고 돌아올 때는 눈을 뜨지 않아도 기차가 어디쯤 달리고 있는지 대강 알 수 있다. 잠결에 들려오는 사투리 때문이다. 느리고 유순한 '~~유' 형의 사투리가 들리고 기차 안의 자리 바꿈이 소리 없이 이루어지면 아직 충청도 땅이다. 그러나 누군가 지나가면서 팔 다리를 건드리는 일이 잦아지고 싸우는 듯한 말소리가 들리기 시작하면 기차가 이제 경상도 땅으로 들어섰다고 봐야 한다. 이쯤에서 나의 잠은 동강나기 마련이지만, 잠결에 듣는 그 우악스런 경상도 사투리가 반갑기만 하다. 이제 우리 집에 다 와 가는구나 싶다.

사투리는 그 지역 사람들의 기질뿐만 아니라 지형과도 많은 연관이 있다고 한다. 경상도 사투리가 그렇게 무뚝뚝하고 투박할 수밖에 없는 것은 태백산맥과 소백산맥의 기운을 받은 데다, 경북 안동지방을 중심으로 내려온 유교적 언어 습관까지 합쳐진 탓이라 한다.

또 음식에 따라 사람의 기질이 달라진다고 한다. 그렇다면 맵고 짠 경상도 음식이 고집 세고 다혈질인 경상도 기질을 만드는 데 한 몫 했다고 봐야 한다. 말이란 삼키는 음식물의 힘을 빌려서 하는 것, 그러니 경상도 말은 어쩔 수 없이 '간이 센' 말이 될 수밖에 없었을 것이다.

그리고 경상도 말은 좋고 싫고를 분명히 밝혀주는 '직거래 화법'을 쓴다. 그러다보니 무례하고 오만하며 전투적으로 들릴 때가 많다. 어느 날 남편이 퇴근해 들어와 넥타이를 풀면서 하는 말이, 다음 날 오전 중으로 큰집에 돈 오백 만원을 송금해 주라는 것이었다. 오십 만원도 아니고 느닷없이 오백 만원이라니.

"와요?"

하고 퉁명스럽게 물었다.

남편이 어두운 얼굴로 말했다.

"요새 행님 댁에 행편이 말이 아닌 갑더라"

가타부타 아무 대답이 없는 내게 그가 으름장을 놓듯이 말했다.

"떫나?"

이것이 경상도식 대화법이다. 알집Alzip도 따라가지 못할 정도의 압축률을 보인다.

고향 사투리를 듣고 있으면 코끝에 고향의 흙내음과 두엄 냄새가 스친다. 그와 함께 어머니의 주름진 얼굴이 보이고 어릴 때 같이 놀던 친구들의 재잘거림도 들려온다. 우리가 사투리를 잊지 않으려 하는 것은 그 속에 고향 가는 길이 들어 있기 때문일 것이다.

요즘 들어 각 지역의 사투리가 새로운 문화 코드code로 뜨고 있다. 표준어가 단순하고 평면적인 느낌을 주는데 비해, 사투리는 다소 촌스러운 느낌은 있지만 우리말에 잠재되어 있는 역동성과 생동감을 잘 나타낸다. 표준어에 갇혀 있는 언어적 상상력의 한계를 한순간에 격파하는 자유분방함과 예측 불허의 표현 방식, 그것이 바로 사투리의 '개인기'다.

사투리에는 우리 마음에 난 상처를 달래주는 어떤 성분도 들어 있는 것 같다. 팍팍한 도시 생활에 지쳤을 때 고향 친구를 만나 진한 고향 사투리로 한바탕 떠들어대고 나면, 이내 속이 후련해지는 걸 보면 말이다.

그러나 사투리 속에는 사리 판단을 감정적으로 몰아가려는

독毒성분도 들어있다. 〈토지〉에 나오는 '임이네'의 거칠고 드센 경상도 사투리를 듣고 있으면, 사사로운 원한과 치졸한 이해관계를 억지로 분장하는데 있어 이렇게 효과적인 언어가 또 있을까 싶다.

사투리 하면 소설가 '이문구'도 떠오른다. 약자들의 삶을 조롱하고 억압하는 관료주의와 기회주의를 수준 높은 해학과 풍자로 비판해온 작가다. 댓거리와 어깃장의 수사학이라고 특징지을 수 있는 그의 소설은 독자로부터 많은 갈채를 받고 있다. 그 이유는 그가 소설 언어로서 걸쭉한 충청도 사투리를 선택하여 너무나 자유로이 구사하고 있기 때문이다. 그의 소설 속 대화는 '먹물'의 언어가 아니라, 등장인물이 자신의 삶 속에서 늘 쓰고 있는 말, 즉 체화體化된 언어다. 그래서 땅속 깊이 묻어둔 김장독에서 푹 삭은 김치 한 포기를 꺼내 먹었을 때의 맛이 난다. 사투리가 문학 속에서 이루어낸 또 하나의 쾌거라 하겠다.

상대방이 공연히 거드름을 피우거나 야비한 행동을 할 때, 경상도 사람들은 대개 그 자리를 박차고 일어서며, "다 때리 치아라"(다 집어 치워라)고 소리친다. 또 상대방에게 분한 마음이 가득하지만 노골적으로 표현할 수 없을 때는 어쩔 수 없이 궁시렁거리게 된다. "문디, 지랄하고 있네."라고. 이런 사투리들이 비속하고 상스러운 것은 사실이다. 그러나 삶에 대한 정서를 토속적이면서도 자연스럽게 표현해 내고 있다는 느낌이 든다. 사투리는 이 시대의 풍속도風俗圖를 그리기에 가장 적합한 색채를 지닌 언어임이 분명하다.

사투리란 그 지역 사람들의 숨결이 한데 어우러져 흐르는 강물과도 같은 것, 어느 지역의 사투리인가 하는 것은 그다지 중요하지 않다. 각 지역 사투리의 독자성을 인정하고 그것이 지닌 정감과 표현의 다양성을 잘 살려내기만 한다면, 우리의 언어문화는 더욱 번창할 것이다.

경상도는 물건이 떨어지지 않고 '널찌는' 곳, 학교에 다니는 학생보다 학교에 '댕기는' 학생이 더 많은 곳이다. 또 경상도에서는 '쥑인다' 한 마디면 그 의미가 두루 통한다. 좋을 때도 '쥑인다', 기분이 나쁠 때도 '쥑인다', 감동이 밀려올 때도 '쥑인다'이니, 무척 심오한 사투리라 하겠다. 이박 삼일의 출장을 간 남편이 딱 한번 집에 전화해서는 "밥 무웃나… 별일 없제… 끊는다이…"하고 전화를 끊어버려도 아무 뒤탈이 없는 곳. 옛날부터 의리에 살고 의리에 죽는 '싸나이'들과 신의와 절개를 자랑으로 여기는 '아지매'들이 모여 사는 곳, 여기는 '갱상도'다.

수더분하게 생긴 한 여자가 거울 앞에서 한 시간째 단장을 하고 있다. 사투리 한 마디면 모든 게 드러날 텐데, 잔뜩 공을 들이고 있다.

팔자를 생각하다

가져가야 할 짐들을 거실 가득히 늘어놓은 채, 남편은 가방에 짐을 챙겨 넣고 있다. 그가 짐 싸는 모습을 보고 있으면, 그가 다시 떠난다는 게 실감난다. 가방의 지퍼가 고장 났는지 닫히지 않는다고 남편이 말한다. 그를 붙잡고 싶은 내 마음이 염력念力을 부린 듯 하다.

남편은 파도치는 바다로 고생하러 가면서도 아내의 눈치를 본다. 뭘 사다주면 좋겠느냐고 자꾸 묻는다. 대답 대신 고개를 흔드는데 눈물이 또 주책을 부린다.

냉장고 문을 열고 낮에 사온 고등어를 꺼낸다. 마음이 허둥댈 때는 무슨 일이라도 하고 있는 게 낫다. 고등어 배를 갈라 내장을 훑어내고 소금을 치면서, 내 속에도 누가 이렇게 소금을 쳐주었으면 좋겠다 싶다. 속이 상하지 않게 한 움큼 뿌려주었으면.

그가 떠난 지 일주일 쯤 될 무렵이 가장 견디기 힘들다. 그리움에 대한 항체가 생기려고 그러는지. 거실 한쪽에 앉아있던 햇살 몇 줄기도 이 공간의 적요寂寥를 견디기 힘든지 엉덩이를 뒤로 빼며 슬금슬금 빠져나간다. 한 나절이 지나도록 오는 이 하나 없고 걸려오는 전화 한 통 없는 날이면, 주방문을 열었을 때 간장병이라도 하나쯤 넘어져 있기를 바라게 된다.

해질 무렵이 더 쓸쓸하다. 누구나 집으로 돌아오는 시간이며 맞이하는 시간이라서 그럴까. 나도 다른 아내들처럼 저녁상을 마주하고 앉아 남편에게 이것 맛있지요 저것도 맛있지요 하며, 생선살도 발라주며, 그렇게 오순도순 살아가고 싶다.

이승에서의 삶이 전생前生의 업을 갚기 위한 것이라면, 나의 전생은 어떤 것이었을까. 아마도 나는 전생에 나의 배우자를 무척 기다리게 했던 모양이다. 남자였더라면, 변방을 지키느라고 일 년에 서너 번밖에 고향에 갈 수 없는 병졸이었든지, 아니면 전국 방방곡곡을 돌아다니는 보부상이었든지, 아니면 우국충정으로 만주벌판을 헤매고 다닌 독립군이었는지도 모르겠다.

팔자(8)는 뒤집어도 같은 모양이며, 아무리 발버둥을 쳐도 처음 출발한 점으로 다시 되돌아올 수밖에 없다. 그래서인지 사람의 팔자 또한 뒤집어도 뒤집히지 않으며, 벗어나 보려고 애를 써도 벗어날 수 없는 게 아닐까.

팔자(8)는 옆으로 누여보면 ∞ 모양이 되어 편안해 보인다. 그런데 ∞는 수학에서 무한대를 의미하는 기호다. 나의 팔자를 모로 뉘여서 행여 지금의 외로운 팔자가 무한히 이어지게 될까봐 얼른 도로 세워놓는다. 숫자 8을 보고 있으면, 길게 눕지도 못하고 우두커니 앉아서 누군가를 기다리고 있는 모습이다. 그렇게 느끼는 것도 아마 나의 쓸쓸함 때문일 것이다.

편안하고 아늑하며 외롭지 않은 자리일 수는 없었을까. 그러나 철저하게 외롭다는 느낌이 들 때 나는 오히려 신神의 눈길을 느낀다. 시험지를 내주고는 뒷짐을 진 채 나를 내려다보고 있는 선생님 같은 신, 내가 마음에 쓰이는지 나의 등 뒤에서 꽤 오래 머물러 있는 신이다. 그래서였을까. 내 삶의 시험지 칸을 적당히 메우는 것만으로는 부족할 것 같았다. 무엇인가 더 채워 넣어야한다는 생각이 봄풀처럼 돋아났다.

내 속을 뚫고 삐죽이 튀어나오는 외로움과 아픔을 벼려줄 그 무엇이 있었으면 싶었다. 내 삶의 모서리를 공글려줄 그 무엇, 수필은 내게 그런 의미로 다가왔다. 수수하면서도 단아해 보이고 온순하면서도 심지心地가 강한 여인, 반듯한 이마를 가진 어느 조선 여인 같은 이미지로, 수필에 귀를 대고 있으면 등을 토닥여 주는 소리가, 마음을 씻어주는 소리가, 그리고 흐트러진 마음을 내려치는 죽비 소리가 들려올 것 같았다.

어느 판화가는 자신의 그림이, 두고두고 가까이 지내고 싶은 사람들과 닮았으면 좋겠다고 했다. 나의 글도 그랬으면 좋겠다. 떠올리기만 해도 그냥 기분이 좋아지는 사람, 볼 때마다 또 다른 나를 보는 듯이 느껴지는 사람, 손 흔들며 헤어질 때는 비잘비잘 눈물이 날 것 같은 사람과 닮았으면 좋겠다. 내게 있어 글쓰기란 쓸쓸함에서 벗어나는 탈출구가 아니라, 넘어져 있는 간장병을 세워주는 것에서 시작되고 부박한 삶들을 껴안는 게 되었으면 한다.

그래서 가슴속에다 그리움으로 빚은 콩나물시루를 하나 안쳐 두었다. 그 시루위로 하루에도 몇 번씩 물을 붓는다. 때로는 조급한 마음이 일어 한꺼번에 몇 바가지씩 퍼붓기도 한다. 어떤 콩 알갱이는 눈을 뜨고 내다보는데 어떤 것은 야속하게 기척도 없다. 또 어떤 것은 순하게 싹을 내는데 어떤 것은 잔발만 무성하다.

나는 기다린다, 내 가슴속 콩나물시루에 소복하게 콩나물이 자라 오르기를. 그래서 어느 날 한 움큼 솎아낸 콩나물이 내 삶에 아름다운 시가 되고 수필이 되기를.

아, 기다림으로 이어가는 나의 팔자여!

지하철 역에서

2

소울 푸드 soul food
지하철 역에서
동생을 업고
곰장어는 죽지 않았다
침향
갑과 乙
대구야, 내다
강바닥을 찾아서
뒷모습
죽방렴

소울 푸드 soul food

초등학교 때 나는 방학을 기다리지 않는 아이였다. 내 뜻과는 상관없이 방학이 되면 늘 서울 외삼촌댁으로 보내졌다. 많은 식구에 한 입이라도 덜어보자는 어머니의 뜻이었다. 내 덩치만한 가방을 끌어안고 차창밖에 서 있는 어머니를 향해 손을 흔들면 저절로 눈물이 났다. 가방이 닿는 배 부위가 뜨뜻했다. 아직 식지 않은 주먹밥 때문이었다.

기차를 타고 가는 동안 배가 고프면 먹으라고 어머니는 주먹밥을 싸 주셨다. 주먹밥을 한 입 베어 물면 그 속에서 어머니의 음성이 들려오는 듯했다, '천천히 먹어라.', 또 한 입을 베어 먹으면, '남기지 말고 다 먹어라.'하는 음성이.

언뜻 보면 그냥 밥만 뭉쳐놓은 것 같지만 어머니의 주먹밥에는 많은 것이 들어 있었다. 어린 딸을 걱정하는 마음과 잘 지내다 오길 바라는 마음, 그리고 어미로서의 미안한 마음까지 꼭꼭 다져 넣으셨던 것이다. 그래서인지 주먹밥은 부서지거나 흐트러지지 않았다. 이 세상을 살아가려면 이렇게 단단한 주먹밥이 되어야 한다는 어머니의 말씀을 나는 눈으로 보면서 주먹밥을 먹었다.

가족이라는 말보다 나는 식구食口라는 말을 더 좋아한다. '가족'이라고 하면 수직 수평으로 엮어진 관계가 먼저 떠오르지만, '식구'라고 하면 둥근 밥상에 빙 둘러 앉아있는 닮은꼴의 얼굴들이 금세 떠오른다. 그리고 숟가락 젓가락 부딪히는 소리가 들려온다. 밥상에 둘러앉았을 때 우리는 밥만 먹는 게 아니다. 밥상 위에 올라온 걱정거리와 불만, 그리고 사소한 투정까지도 서로 나눠 먹는다. 그런 것까지 너끈히 소화시킬 수 있어야 진짜 '식구'다.

그래서일까. 어린 시절에 대한 나의 기억은 밥상을 배경으로 한 게 많다. 밥을 먹으며 식구들 앞에서 어떤 얘기를 하다가 울었던 일, 철없이 반찬 투정을 하다 방 밖으로 쫓겨났던 일, 손가락으로 꽁치를 떼어먹다가 어머니의 젓가락에 손등을 맞았던 일 등. 기억의 소품도 주방용품이 많다. 방 안까지 들어온 동탯국 냄비, 그을음이 묻은 양은 밥솥, 포개어진 국그릇 등. 몸에 으슬으슬 한기가 느껴지는 날이면, 예전에 우리 식구들끼리 모여 앉아 먹었던 동탯국이 떠오른다. 동탯국 냄비에서 끊임없이 피어오르던 뽀얀 김을 생각하면 어느새 속이 뜨뜻해진다. 생각만 해도 행복해 지는 음식, 그런 게 바로 '소울 푸드'가 아닌가 싶다.

사형 집행을 앞둔 사형수들에게 마지막으로 먹고 싶은 음식을 적어보라고 했더니 대부분 어렸을 때 어머니가 해 주던 음식이었다고 한다. 지난 날 어머니가 차려주던 밥상에 다시 앉고 싶은 마음과 어머니의 착한 자식이었던 시절로 되돌아가고 싶은 마음이 표현된 게 아닐까. 그 음식은 죽음을 앞둔 그들이 이 세상에서 받는 마지막 위로다. 눈물겨운 소울 푸드다.

우리가 가장 정성껏 만드는 음식이라면 아무래도 제사 음식이지 싶다. 산 자와 죽은 자가 함께 먹는 밥이면서, 흩어져 살고 있는 가족과 친척들을 한 자리에 불러 모으는 밥이다. 제사를 마치고 우리가 다 같이 한 상에 둘러앉아 밥을 먹고 있을 때, 아마 고인故人도 흐뭇한 표정으로 수저를 들고 있을 것이다. 사는 일이 바빠 소원하게 지내던 자손들을 이어주는 제사 음식이야말로 가장 소중한 소울 푸드가 아닐지.

시어머니의 제사를 준비하기 위해 전煎을 부친다. 후라이팬 위에 전거리를 하나씩 올려놓으면서 어머님에 대한 기억도 같이 올린다. 이마의 땀을 훔치며 정성껏 도토리묵을 쑤시던 모습과 이른 새벽 어둑어둑한 대청마루에 앉아 자식에게 들려 보낼 먹을거리를 싸고 계시던 모습이 떠오른다. 그와 함께 회한도 밀려온다. 어머님을 외롭게 한 것에 대한 죄책감과 어머님의 마음을 알면서도 모른 척 했던 나의 박정함이 명태전 속에 숨어있는 가시처럼 나를 찔러댄다. 그리고 보면 이 세상의 모든 음식들은 우리들의 지난 기억을 돕기 위해, 그리고 우리를 인간다운 인간으로 거듭나게 하기 위해 만들어지는 게 아닌가 싶다.

우리의 영혼을 풍요롭고 행복하게 하는 것이 어디 음식뿐이랴. 일상 속에서 만나는 좋은 음악이나 그림, 풍경, 그리고 좋은 인연들도 우리의 가슴속에서 잘 발효시키기만 하면 분명 좋은 소울 푸드가 될 것이다. 어려운 이들에게 자신의 것을 아낌없이 나눠 주는 사람들, 힘든 환경 속에서도 자신의 길을 꿋꿋이 헤쳐 나가는 사람들도 이 세상을 살리는 소울 푸드가 아닐까.

나는 과연 어떤 '푸드'일까. 들여다보니 내 안에는 걷어내어야 할 불순물이 너무 많다. 이다음 내가 땅에 묻혔을 때 나로 인해 땅의 뱃속이 더부룩해질 것 같은데, 이를 어쩐다.

지하철 역에서

 저녁이면 돌아올 사람처럼 남편은 한 손을 올리며 "갔다올께"라고 했다. 어느새 남편은 지하도를 건너가 반대편 지하철 승강장에서 나를 바라보고 있다. 그 순간 아픔의 화살이 내 가슴에 백 개도 넘게 꽂히는 것 같았다. 손을 가슴께까지만 올려서 흔들었다. 그러자 남편도 나를 향해 손을 흔들었다. 내게 화답하는 남편의 손은 마치 "슬퍼하면 안 돼"라고 말을 하는 듯했다.
 두 달간의 휴가를 마치고, 남편은 승선하러 가는 길이다. 배 위에 그를 남겨두고 부두를 걸어 나오는 긴 이별 대신, 나는 지하철 역에서의 짧은 이별을 택했다. 남편은 어젯밤에 짐을 배에다 옮겨놓고 오늘은 잠시 외출하듯 가벼운 차림이다. 내가 받을 섭섭함을 조금이라도 덜어보려는 것이다.
 희끗희끗한 머리카락이 바닷바람에 더 바래지겠지. 새로 산 실크 넥타이도 이내 소금기에 눅눅해지리라. 산뜻한 작별을 생각했었는데 미리 준비된 것 같은 슬픔이 가슴에 확 밀려왔다.

 컨테이너선의 선장인 남편은 승선 열 달 만에 휴가를 받아 우리 가족의 품으로 돌아왔다. 움푹 들어간 눈에 검게 그을린 얼굴로 돌아온 그는 손에 든 짐조차 힘겨워 보였다. 그가 풀어놓은 짐 속에서 훅 갯내음이 풍겼다. 그 짐은 바다에서 그를 보필해준 또 다른 가족이었다. 봉투 하나가 눈에 띄었다. 열어보니 우리 집 가족사진과 내가 보낸 편지가 들어있었다. 우리가 이렇게 오래 떨어져 사느니 차라리 만두집을 차려서 같이 살면 어떻겠냐고 묻고 있었다. 당신은 만두를 빚고 나는 쪄내면 되지 않겠느냐고 덧붙이고 있었다.

 아침저녁으로 마주보며 사는 부부들은 모를 것이다. 그리운 사람은 늘 그립다는 것을. 가슴속에서 살아 움직이는 모빌mobile같은 이 그리움을. 남편의 얼굴보다 저녁 9시 뉴스 앵커의 얼굴을 더 많이 보며 살아가는 여자의 쓸쓸함을 말이다.

 우리 집 문갑 위에는 목木기러기가 가득하다. 종이학을 천 마리 접으면 소원이 이루어진다는 말이 있듯이, 나도 기러기를 백 마리쯤 모으면 남편과 한 집에 살 수 있지 않을까 싶었다. 백 마리가 다 채워지는 날, 그 기러기들이 일제히 하늘로 날아올라가 내 소원을 하늘에 전해줄 것 같았다.

 남편은 휴가를 오자마자 마치 해산解産한 여자처럼 사흘 동안 잠만 잤다. 열 달 동안 팽팽하게 조였던 신발의 끈을 풀고, 동여

매었던 외로움의 끈도 풀고, 아주 편안한 얼굴로 잠을 잤다. 나는 그의 고단함을 짐작해보며, 설거지를 하면서 방을 닦으면서 징징 울었다. 숨소리가 너무 작다 싶어서 한번 쿡 찌르니 얼른 벽에 가 붙는다. 흔들리는 배에서 잠을 자 온 사람들의 버릇이다. 남편의 등이 바위에 찰싹 달라붙은 조가비 같았다. 나는 그 조가비를 내려다보는 해초가 되어 온종일 그의 곁에서 일렁거렸다.

어느 연구 결과에 따르면, 남녀가 만나 서로 가슴이 설레고 사랑의 감정이 지속되는 것은 고작해야 삼십 개월뿐이라고 한다. 그 이후에는 대뇌에 항체가 생겨 사랑의 화학 물질인 '도파민'이 더 이상 생성되지 않는다고 한다. 남편의 손을 잡았을 때 더 이상 가슴이 설레지 않는다고 해도 그가 돌아온 게 좋았다. 내가 작은 소리로 "여보!" 했을 때 그가 "왜?"하며 금방 나타나는 게 좋았다. 아침 햇살을 받으며 각자 조용히 신문을 읽는 것도 좋았고, 베란다에 놓인 다탁茶卓에 나란히 앉아 흩날리는 벚꽃을 바라보는 것도 좋았다.

바다 저 밑바닥에도 해류가 흐른다고 했던가. 우리가 함께 보낸 두 달이 내내 평온하기만 했던 건 아니다. 떨어져 지내는 동안 서로 키워온 아집 같은 게 가끔 스파크를 일으켰다. 아이 교육 문제를 두고 얘기할 때, 남편은 곧잘 미국이나 영국의 교육 사례를 고집했고, 나는 우리나라 교육의 실정을 모르는 그가 답답했다. 함께 쇼핑을 나가면 점원이 보는 앞에서 싼 물건은 비싸다고 하여 사람을 민망케 하더니 비싼 물건은 싸다며 억지를 부렸다.

서로의 눈높이를 맞추는 일, 서로에게 마음을 대어보고 삐죽이 올라온 부분은 좀 잘라내고 삐뚤어진 부분은 바로잡는 게 우리가 휴가 때 주로 한 일이다. 어쩌면 그것은 우리 부부가 평생 해야 할 공정工程인지도 모른다.

슬픔의 끝자락에는 언제나 회한의 눈물이 맺히는가 싶다. 길을 잘못 든 줄 알면서도 U-턴을 하지 않으려고 버티던 나 때문에 남편은 많이 서운했을 것이다. 그는 작년에 돌아가신 어머니를 그리워하며, 어머니의 다사로운 정을 아내에게 느껴보고 싶었을 것이다. 조용히 쉬러 온 그에게 나는 거친 파도가 되어 그의 가슴속에 쓸쓸한 포말만 안겨주었던 것 같다. 그가 자주 쓰던 "괜찮다" 그 말은 서운해지려는 자신의 마음을 다독거리는 혼잣말이었을지도 모른다.

바다 위에서 다시 쓸쓸해질 그가 지하철 건너편에 혼자 서 있다. 나는 그 자리에 서서 '미안해요, 미안해요.'만 되풀이하고 있었다.

동생을 업고

　화가 박수근의 그림 '아기 보는 소녀'를 보고 있다. 이마를 일직선으로 가로지른 단발머리에다 까맣게 그을린 얼굴의 소녀는 동생을 업은 채 해맑게 웃고 있다. 코가 둥그스름한 까만 고무신이 소녀가 입고 있는 무명치마와 어우러져 더욱 소박한 모습이다. 소녀는 어린 시절의 내 모습이기도 하다.
　어머니는 내가 학교에 들어가기 전부터 동생을 연이어 낳아주셨다. 내가 초등학교를 졸업할 즈음, 나의 동생은 넷으로 불어났다. 동생이 자꾸 생긴다는 것은 한창 놀고 싶어 하는 내 또래의 아이들에게 그리 신나는 일이 아니다. 밖에 나가 놀 수 있는 자유가 이분의 일에서 사분의 일로, 다시 팔분의 일로 줄어든다는 의미이다.

우리 집은 아기를 길러내는 협동조합이었다. 언니는 어머니와 함께 기저귀 빨래를 했으며, 나는 아기가 목을 가눌 수 있을 때부터 아기를 업어 재우는 일을, 바로 밑의 동생은 기저귀를 개는 일이나 방 청소를 도왔다. 아기도 어른처럼 가만히 누워서 이 생각 저 생각에 잠겨 있다가 조용히 잠이 든다면 얼마나 좋을까 싶었다. 꼭 등에 업혀서 바깥나들이를 저 하고 싶은 만큼 한 다음에야 동생은 잠이 들었다.

업힌 자세를 투시도로 그리면 거의 앉은 자세에 가깝다. 그런데도 동생이 방바닥에 눕기보다 굳이 등에 업히기를 좋아하는 이유는 뭘까? 어른이 되면 아무리 잠이 온다 해도 눕지 못하고 앉은 채로 선잠을 자야 할 때가 많다는 사실을, 아기가 미리 알고서 일찌감치 연습을 해 두려는 것은 아닐 텐데 말이다. 등에는 방바닥과는 다른 무언가가 있음을 아기도 본능적으로 느끼는 모양이다. 등 너머로 전해져오는 숨결과 체온에서 어머니의 배 속에 있을 때의 편안함을 다시 느껴 보려는 것은 아닐까?

동생을 업고 집을 나서면 갈 데가 별로 없었다. 동생의 잠을 탁발托鉢하러 나서는 그 일이 나에게는 꽤 힘들게 느껴졌다. 집 주위를 빙빙 돌다가 골목에 피어 있는 분꽃의 개수를 헤아려보기도 하고, 옆집 옥상에 널린 빨래가 몇 개인지 세어 볼 때도 있었다. 이따금 들려오는 엿장수의 가위질 소리가 우리 집 골목의 정적을 더욱 깊게 했다.

좀 너른 공터로 나오면 친구들이 모여서 놀고 있었다.

"이 강산 침노하는 왜적의 무리를 거북선 앞세우고 무찌르시니……."

노래를 부르며 나풀나풀 고무줄을 넘거나, 바닥에 석필石筆로 하얀 금을 그어 놓고 사방치기를 하고 있었으며, 때로는 시원한 그늘에 모여 앉아 공기놀이나 소꿉놀이를 하기도 했다. 그럴 때는 동생을 재우는 것보다, 뛰어놀고 싶은 내 마음을 재우는 것이 더 힘들었다. 내게 있어 '자유'란 등에 아무것도 업지 않은 홀가분함을 의미했고, 그 때 만큼 자유가 부럽고 빛나 보인 적도 없었다.

친구들이 어울려 노는 모습을 물끄러미 쳐다보고 있으면, 등에 업힌 동생이 이내 포대기 속에서 몸을 뒤틀었다. 한 자리에 오래 서 있다는 것을 눈치 챈 것이다. 언젠가 고무줄놀이를 무척 하고 싶어서, 옆에 있던 빈 사과 상자에다 어린 동생을 담아놓고 아이들이랑 고무줄놀이를 했다가, 누군가 어머니에게 일러 주는 바람에 단단히 혼이 난 적도 있다.

동생을 업어 재우는 것 못지않게 잠든 동생을 내려놓는 것도 힘들었다. 잠이 깊게 들었다 싶어서 집에 돌아와 동생을 방바닥에 살포시 내려놓는 순간, "으앙!" 하고 울음을 터뜨리며 다시 깨는 수가 많았기 때문이다. 애프터서비스는 전자 제품에만 있는 게 아니다. 나는 다시 동생을 업고 밖으로 나와야 했다. 그 때, 지나가던 이웃집 아주머니가 "아이고, 덩치도 작은 게 제 동생을 잘도 업어주네." 라고 한 말에 공연히 서러움이 북받쳐와 나도 모르게 눈물이 핑 돌았던 기억도 있다.

  먼 산을 보면, 산이 산을 업고 있는 것처럼 보인다. 산의 등 뒤에 납작이 엎드린 산은 설핏 잠이 들었는지 아슴푸레 보인다. 산 등성이가 아름다워 보이는 것도 그 때문이 아닌가 싶다. 그림 속 아기 보는 소녀의 어깨선 또한 부드러운 산의 능선을 닮은 듯하다. 그래서인지 소녀는 모든 생명체를 넉넉히 품어내는 산의 마음을 가지고 있을 것 같은 느낌을 준다.

  동생을 업고 있으면 동생의 살 냄새, 새근거리는 숨소리, 꼼지락거림, 그리고 통통한 두 다리의 감촉 등 그 모든 것이 나의 등에 그대로 전해져 왔다. 등에 느껴지는 체온이 여느 날 같지 않다거나 심하게 보챈다 싶으면, 대개 그 뒷날 병원에 데려갈 일이 생겼다. 바로 밑의 동생을 빼고는 다들 내 등 뒤에서 옹알이를 했고, 내 등에 오줌을 싸기도 했으며, 잠투정을 하느라고 내 뒷머리를 쥐어뜯으면서 손아귀의 힘이 세어져 갔다. 막냇동생이 저 혼자 잘 걷게 되어 더 이상 업히지 않으려고 내 등을 밀쳐 내었을 때, 나는 웬일인지 해방의 기쁨보다는 서운한 마음이 먼저 들었다.

  동생을 업었을 때의 느낌은 나의 등에 그대로 내장內藏되어 있었던 모양이다. 내 아이를 낳아 처음으로 등에 업었을 때, 그 느낌은 한결 증폭되어서 내게 되돌아왔다. 아이의 숨과 나의 숨이 포개지면서 살과 살이 함께 호흡하는 느낌이 들었다. 그래서 나는 어딜 가든지 아이를 업고 다녔다.

서양에는 우리와는 달리 업고 업히는 문화가 없다고 한다. 그래서인지 외국의 전쟁 영화를 보면, 부상자라 해도 업어 나르는 게 아니라 들것에 싣든가 아니면 겨드랑이를 부축하여 질질 끌고 가는 수가 많다. 업는다는 것은 한 생명체의 무게를 고스란히 내가 감당하겠다는 의미이며, 한 사람의 걸음으로 둘이 나아가겠다는 뜻이다. 부모가 아이를 업어주고, 형이 아우를 업어주고, 다 큰 자식이 노모老母를 업는 풍습이 우리 문화에 있어 하나의 아름다운 결을 이루고 있다는 생각이 든다.

아이들의 날개에 이젠 제법 힘이 올라 나의 등을 찾지 않게 되면서, 나는 자꾸만 등 언저리가 허전해져 왔다. 그때 누군가 나에게 문학을 공부해 보라고 권했다. 봄바람처럼 부드럽게 감겨오는 지금의 자유를 굳이 마다할 이유가 있겠느냐고 가슴이 속삭였을 때, 뒤쪽의 등은 애써 담담한 표정을 짓고 있는 듯했다. 문학이란 등짐을 질 때는 스스로 그만한 무게를 감당할 수 있어야 한다고 등은 내게 말하고 싶었을 것이다.

나는 오늘도 글 한 편을 업고 대열에 끼여서 가고 있다. 지금 업고 있는 이 글을 푹 재울 수 있을지, 그리고 방바닥에 제대로 내려놓을 수 있을지 잔뜩 걱정을 하면서.

〈대교출판사, 중학교 국어 1-1 에 수록〉

곰장어는 죽지 않았다

일을 마치고 집에 돌아와 전등 스위치를 위로 탁 젖히면, 집안에 있는 모든 것들이 일제히 나를 쳐다본다. 요즘 이 집을 드나드는 유일한 존재인 내가 돌아왔는데도 그다지 반기는 기색이 아니다.

쓸쓸하지 않으니 이상한 일이다. 나의 가족을 별로 사랑하지 않거나 원래 냉정한 사람, 아니면 외로워질 준비를 미리 해 온 사람, 그 중의 하나일 텐데 어느 형인지 모르겠다. 아니 어쩌면 나는 그 3종 세트에 해당하는 인간인지도 모른다.

오전 내내 멍하니 거실에 앉아있었다. 그 때 창밖의 새 한 마리가 내가 앉아있는 거실 바닥에 제 그림자를 주욱 그으며 날아갔다. 가슴을 할딱거리며 새는 날아갔을 테지만 남긴 흔적이란 없다. 그래서 새들은 나는 속도에 연연해하지 않는 걸까.

나는 내 삶의 속도에 대해 생각해본 적이 별로 없다. 그저 야생

마처럼 질주하는 게 제대로 사는 인생이라고 생각했다. 그래서 예상치 못한 말도 듣게 되었다. 독한 년, 무서운 것, 차돌로 깨어도 깨지지 않을 인간 등. 그러나 그런 말에 별 거부감을 느끼지 않았다. 사람들이 날아가는 새를 올려다보며 너의 그림자가 직선 모양이니 곡선 모양이니 말하는 것과 같다고 생각했기 때문이다.

독하다는 것은 내 안에 독이 많아 보인다는 의미다. 독은 무서운 것이고 차돌로도 깰 수 없는 것이니 틀린 말은 아니다. 내 안에 얼마나 많은 독이 있는지 그게 궁금했을 뿐이다. 그 또한 오래 전의 일이다. 요즘은 무력증에 빠졌는지 그 무엇에도 마음이 끌리지 않는다. 그저 잠시 다녀가기 위해 이 세상에 온 사람처럼 밋밋하게 지내고 있다. 음식으로 치자면 '간'이 전혀 맞지 않은 상태라 하겠다.

내 자신을 한심해 하며 무심코 고개를 돌리는데 벽이 허전하다. 벽 한가운데에 걸어놓은 시계의 추가 정지해 있었다. 언제나 정확하게 좌우로 삼십 도씩 고개를 돌리던 시계추였다. 나는 왠지 그 추가 우리 집 주위를 순찰하는 눈초리로 느껴져 믿음직스러웠다. 그러나 추가 흔들리지 않는 시계는 창칼을 빼앗긴 병사처럼 보였다. 얼른 새 건전지를 꺼내와 갈아주었다.

추는 전보다 더 되록되록 눈알을 굴렸다. 시계를 보며 나도 그런 힘을 되찾고 싶다고 생각했다. '독한 년'이라는 소리가 새삼 그리웠다. 나의 야성은 어디로 다 사라진 걸까.

그 때 문득, 곰장어구이집에 갔던 일이 떠올랐다. 아지매는 고

무장갑을 낀 채 곰장어를 잡고 있었다. 도마 한쪽 끝에 박아놓은 대못에다 곰장어 대가리를 푹 끼우더니 단번에 껍데기를 확 벗겨 내었다. 한순간 발가벗겨진 곰장어는 분하다는 듯, 도마 위에다 스스로 제 몸뚱이를 몇 번 패대기 쳐댔다. 그 행세가 가소롭다는 듯, 이번에는 아지매가 곰장어의 대가리를 싹뚝 잘라버렸다. 곰장어는 몇 번 더 요동을 쳤다, 제 몸뚱이가 댕강댕강 잘리는 순간까지도. 그러나 곰장어는 죽은 게 아니었다.

고추장 양념을 덮어쓴 곰장어는 연탄 화덕 위에 놓인 석쇠에 누워서도 마지막 힘을 다해 제 몸뚱이를 뒤틀었다. 할 말이 많은 듯 했다. 어서 익기를 기다리는 인간들을 올려다보며 '지글지글' 말하는 듯 했다, 생이란 악착같이 살아보는 정신이라고.

아지매는 참 독해보였다. 그런데 곰장어는 더 독해 보였다. 나는 지금 그 아지매를 닮아야할 것도 같고 또 곰장어를 닮아야 할 것도 같다. 지금 내게 필요한 야성은, 내 안에 숨겨진 어떤 가능성을 찾아 내 몸의 오지奧地까지 찾아가는 정신이다. 또 나의 열정을 한데 모아 나를 새롭게 확장해가는 정신이기도 하다. 탱자나무 가시 아래에서도 악착같이 여린 잎을 밀어내는 힘, 그것이 바로 해마다 노란 탱자가 열리도록 하는 힘이지 않은가.

정신을 좀 차려보려고 선지국을 한 냄비 사들고 왔다. 큰 선지덩어리 하나를 건져서 숟가락으로 뚝뚝 잘라 먹었다. 선지가 벌겋게 배어드는 내 속을 상상하니 얼마쯤 야성이 살아나는 듯 했다.

침향 沈香

 추억이란 어디선가 불어와 가슴 언저리에 처억 걸쳐지는 바람일까.
 "저 집이 미옥이네 집이었어."
 지름길을 두고 동네 외곽으로 접어든 남편이 가리킨 집은 시골 마을에 어울리지 않게 붉은 벽돌로 지은 이층 양옥집이었다. 나지막한 담은 온통 아이비ivy로 덮여있어 고즈넉한 분위기를 풍겼고, 정원에는 향나무와 소나무, 목련과 무화과나무가 잘 어우러져 마치 수목원처럼 보였다.
 미옥이는 남편이 초등학교 때부터 좋아했던 여학생이다. 사십대 중반에 들어선 아저씨가 오랜만에 내려간 고향마을에서 옛 여자 친구의 집을 찾아 나선 것이다. 지금은 살고 있지 않다는 걸 알면서도 그 집 쪽으로 걷고 있는 그에게 나는 이것저것 캐묻지 않는다. 미술전시회에 가서는 그저 눈으로 감상할 뿐, 그림에 손을 대지 않는 것과 같다.

 미옥이는 성격이 온순하면서 차분했고, 명민하면서 예의가 발랐다고 한다. 그녀의 우아한 미모 때문에 고향 마을이 환해 보였다며, 시누이는 내가 묻지도 않은 얘기를 했다. 원래 시누이는 자기 동생의 주가(株價)를 올리기 위해서 동생의 옛 여자 친구에 대해 부풀려 말하기 마련이다. 그래도 나 역시 그녀의 맑고 아름다운 이미지에 마음이 끌렸다.

 "별로 변한 게 없군."

 남편의 혼잣말이 들렸다. 변하지 않은 그 집의 모습처럼 그때 그 소녀 또한 변하지 않았기를 바란다는 의미인가. 속에서 올라오는 질투심을 누르고 그를 위해 배경음악을 깔아주었다.

 "오가며 그 집 앞을 지나노라면 그리워 나도 몰래~~"

 나지막이 흐르는 내 노랫소리에 남편이 피식 웃었다. 덩굴장미가 화사하게 피어있는 아치형의 대문을 열고 단발머리 소녀가 뛰어나올 것 같았다. 담이 긴 그 집을 한 바퀴 돌아보면서 내가 말했다.

 "미옥이도 지금쯤은 살이 쪘을 거야."
 "원래 그 집안에는 살찐 사람이 없다."

 아이구, 집안 내력도 잘 아시네. 한마디 하려다가 그만 두었다. 회상에 젖기라도 하듯 그의 발걸음이 더욱 느려지고 있었다. 남편은 듬성듬성 옛 이야기를 들려주었다.

토요일 오후 먼지가 풀풀 날리는 시외버스 주차장에, 한 소년이 마산서 오는 버스를 향해 달팽이처럼 목을 길게 빼고 서 있다. 마산에 있는 여학교에 다니느라고 주말에만 시골집에 내려오는 한 소녀를 기다리는 중이다. 그러나 그는 나무꾼이 선녀를 사모하듯 그녀를 멀리서 바라보기만 하는 '미루나무'였다. 고향 마을로 들어서는 시외버스를 맨 먼저 발견하지만 미루나무는 달려가지 못하고 그 자리에 서서 겨우 잎새 몇 장만 펄럭였다. 복숭아 빛이 도는 맑은 얼굴에 갈래머리를 땋은 여고생과 수줍음 많은 키 큰 남학생, 그들의 이야기는 어느 봄날 맥없이 끝나버렸다. 그녀가 유지한 적절한 거리와 반듯한 행동, 부족하지도 넘치지도 않은 친절과 따뜻한 거절의 말들이 그녀를 맑고 아름다운 사람으로 추억하게 했다.

남편의 얘기를 들으며 나는 문득 '침향'을 떠올렸다. 침향沈香, 그것은 오랫동안 참나무를 맑은 강물이나 땅속에 묻어 두었다가 바람에 정성껏 말린 뒤에 얻게 되는 향이라고 한다. 열심히 잎을 내고 가지를 내며 살았던 나무가 다시 강바닥에 누워 긴 인고의 시간을 견딘다는 것이다. 그렇게 견디고 나면 오롯이 나무의 혼만 남아 그윽한 향기를 품게 되는 모양이다.

남편의 가슴에 '침향'으로 남은 그녀는 지금 어떤 모습으로 살아가고 있을까. 그녀는 아마 온유하면서도 사랑스런 아내의 모습으로, 시부모님께는 지극 정성인 며느리로, 아이들에게는 상냥하고 친절한 엄마로 살아가고 있을 듯하다.

추억할 게 많은 삶은 축복이다. 무얼 했으며 무엇을 위해 뛰었는지 곁에 누가 있었는지 기억하지 못하는 삶은 향기가 없다. 어쩌면 내 가슴에 스며있을지도 모를 침향을 위해 마음을 뒤적여본다. 선연히 떠오르는 얼굴 하나. 남편은 이래저래 복도 많다.

그와 동네를 한 바퀴 돌아 시댁으로 가는 동안, 머릿속에 '꿩 대신 닭'이란 말이 자꾸만 떠올랐다.

"보소, 내가 닭이요, 꿩이요?"라고 했다.

웃기만 하던 남편이 짧게 대답했다.

다 살아보고 말해준다고.

갑과 乙

 순둥이 아내가 얼마 전부터 싸움닭으로 변해 집에 들어가기가 겁난다고 했다. 다들 믿기지 않는다는 표정으로 K씨를 쳐다보았다. 자신의 아내는 평생 말대꾸를 모르는 사람이라고 했던 사람이다.
 '질량불변의 법칙'이라는 게 있다. 종이를 태우면 종이는 없어지지만, 연소 때 나오는 기체와 재의 질량을 합하면 처음 종이의 질량과 같다는 것이다. 이 원칙을 사람의 성질에 적용하면 '성질 총량 불변의 법칙'이 된다. 누구든 갖고 있는 성질의 총량은 같으나, 그것을 섣불리 내보이느냐 마느냐, 대상과 시기와 장소를 분별하느냐 하지 않느냐의 차이가 있을 뿐이라고 나는 생각한다. 행복은 콩물처럼 부르르 끓어 넘치기가 쉽다. 그래서 가슴에 남는 양은 그다지 많지 않다. 그러나 분노와 울분은 무거워서 가슴 속 저

류조에 그대로 고인다. 우리가 행복했던 기억보다 슬프고 힘들었던 기억을 더 오래 갖고 있는 이유도 여기에 있다. 가부장적이고 고압적인 K씨의 기세에 눌려 조용히 살아온 그의 아내가 더 이상 참지 않겠다고 작정한 모양이다. 비에 젖은 짚단 같은 침묵을 깨고 내가 말했다. 싸움닭에도 정년이 있으니 사모님은 곧 일반 닭으로 돌아가게 될 거라고, 그러니 너무 걱정하지 말라고.

세상은 대개 '갑'과 '을'의 관계를 바탕으로 해서 돌아간다. 누가 '갑'이고 누가 '을'이냐 하는 것은 간단하다. 돈을 푸는 쪽이 갑, 그 돈이 무사히 건너오기를 기다리는 쪽이 을이다. 비행기 안에 앉아 있는 승객과 서서 왔다 갔다 하며 서비스를 하는 스튜어디스, 옷을 입어보는 고객과 옷을 입혀주는 백화점 직원, 여성 잡지를 뒤적이며 거울 앞에 앉아있는 손님과 미용사, 이들이 갑과 을의 관계다. 을을 한자로 쓰면 목이 긴 오리 모양(乙)이다. 갑이 쥔 목줄에 끌려가지 않으려고 버팅기기에 을의 목은 너무 가늘다. 을의 기질적 특징은 화를 잘 참는다는 것과 상대방의 기분을 잘 간파한다는 것이며, 갑의 특징은 자신이 지불하는 돈의 가치를 누가 두 배로 올려놓을 수 있을지 잘 파악한다는 것이다. 갑이 되고 싶은 을, 갑의 자리를 끝까지 지키려는 갑, 그들의 치열한 접전 덕에 그나마 경제라는 게 돌아간다.

부부라는 것도 일종의 계약 관계다. 평등한 관계로 시작하지만 서서히 갑·을 관계로 바뀌는 수가 많다. 어떤 계약이든 갈등이 있게 마련이지만, 부부라는 관계는 아무리 불만이 많다 하더라도 쉽게 청산할 수가 없다. 자식이 인질로 잡혀있기 때문이다. K씨댁에는 지금 갑과 을의 자리를 두고 치열한 접전이 벌어지고 있는 중이다.

자신의 기분을 다스리는 감정 관리가 직무의 40퍼센트가 넘는 일을 하는 사람을 '감정 노동자'라고 한다. 손님이 모욕을 주어도 "사랑합니다, 고객님"하는 백화점 판매원, 성희롱이나 음담패설을 하는 손님에게도 "사랑합니다, 고객님"이라고 하는 전화 상담원, 비행기가 심하게 흔들리는 악천후 비행 속에서도 한결같이 미소를 짓는 스튜어디스 등이 이에 해당한다. 아무리 화가 나도 고객 앞에서는 무조건 참아야 한다는 것 때문인지, 이들 중 상당수가 우울증이나 가슴 통증, 소화불량을 겪고 있다고 한다.

나도 지난날 억울한 일을 당한 적이 많다. 울분이 내 가슴팍 아래에서 계속 갸르릉 거렸지만, 강아지 어루만지듯 내 마음을 달래는 수밖에 없었다. 그 때 나는 아주 가느다란 목을 가진 乙이었으므로. 부당한 줄 알면서도 입을 떼지 못했고, 속임수가 있는 줄 알면서도 끝내 아는 척 하지 못했다. 그러면서 나는 깨달았다, 제 성질을 어느 정도까지 부릴 수 있느냐가 바로 그 사람의 '인생 폭'이라는 것을.

"내 성질 다 죽었다. 옛날 같았으면 그 놈은 버얼써 내 손에……."

포장마차 옆자리에 앉은 두 남자가 직장 상사의 비열함을 성토하고 있었다. 제법 취기가 오른 남자는 양손으로 모가지를 부러뜨리는 시늉을 했다. 가슴이 답답할 때 뒷산에 올라 마을을 내려다보고 앉아 있으면 마음이 스르르 풀리는 것처럼, 시간을 거슬러 올라가 보는 것도 현실을 달래는 한 가지 방법이다. '옛날 같았으면', 그 말은 힘없는 '乙'들이 잠시 쉬어가는 언덕인 것이다.

우리가 제 성질을 마음껏 부릴 수 있는 시기는 언제일까. 아마 태어나서 돐이 되기 전까지일 게다. 울어도 해결되지 않는다는 걸 알게 되면서 우리는 차츰 철이 드는 게 아닐까. 살다보면 모가지를 부러뜨리고 싶은 상대가 어디 한 둘이랴. 그러나, 대부분의 사람들은 감정 노동자로 살 수 밖에 없다. 어쩌다 '갑'의 눈 밖에 나서 땅에서 뽑히는 날, 아직 덜 여문 채 줄줄이 지상으로 딸려올 자식들을 상상하면 아찔하다. 그래서 조용히, '갑'이 시키는 대로 살아가는 것이다. 샐러리맨인 아들 녀석의 말에 따르면, 회식 후에 벌린 고스톱 자리에서 절대 상사의 돈을 따선 안 되며, 상사가 아무리 썰렁한 농담을 하더라도 무조건 박장대소해야 한단다. 그날따라 아들의 모가지가 더 가늘어보였다.

나 역시 감정노동자로 살아가고 있다. **뻣뻣**하던 내 성질을 꼬깃꼬깃 접어 장롱 맨 아래 서랍에 넣어둔 지 한참 되었다. 월급을 풀어놓는 '갑', 남편의 비위를 맞추기 위해 가기 싫은 등산도 따라 나서고, 지지부진한 TV드라마도 같이 보며, 한참 빗나간 그의 억지발상에도 맞장구를 친다. 그런데, 이렇게 살아도 되는 걸까.

대구야, 내다

얼마나 행복한가를 묻는 '행복도' 조사에서 대구 사람들이 전국 꼴찌를 했다는 기사가 났다. 전국의 16개 시·도 거주자를 대상으로 이번 조사를 실시한 기관의 이름을 보니, KBS 방송문화연구소다. KBS라는 고딕체 활자가 의심의 모가지를 꾹 누른다. 근현대사에서 이 나라의 발전을 주도해 온 도시, 여전히 장유유서의 위계질서가 엄격한 도시, 이 나라의 추위 더위까지 이끌어 온 도시 대구가 어쩌다 이리 되었을까.

대구 사람들은 좋든 싫든 변화를 싫어하는 편이다. 느닷없이 남편이 부산 근무를 자청하여 부산으로 이사를 해야 했을 때, 나는 몹시 당황스럽고 두려웠다. 이삿짐을 실은 트럭이 이미 부산을 향해 출발했는데도, 모든 걸 제 자리로 되돌리고 싶은 심정이었다.

내 마음의 풍향계는 지금도 대구를 향해 있다. 대구에서 원정 온 택시를 보면 고향 까치를 본 듯 반갑고, TV의 날씨 예고를 볼 때도 늘 대구 것까지 챙겨본다. 전국적으로 발생하는 교통사고인데도, 대구에서 사고가 났다고 하면 마음이 쓰인다. 내가 아는 사람이 다친 건 아닌지, 시내 어느 모퉁이가 바스라진 건 아닌지. 아직 내 마음의 절반은 대구 시내 어느 작은 방에 세 들어 살고 있는 듯하다. 부산이란 도시는 두 팔을 벌려 나를 맞아주었지만, 나는 전前 남편을 못 잊은 채 급히 재혼한 여자처럼, 아직도 어정쩡한 마음으로 부산에 살고 있다.

　부산이란 도시는 거대한 담력 수련장이다. 부산 사람들은 말씨가 거칠고 투박하여 도시 곳곳에서 말다툼이 일어나는 것 같고, 산 중턱을 깎아 만든 좁은 산복도로를 성질 급한 택시기사들이 아주 겁나게 달린다. 바다에 뛰어들어 생을 마감한 사람들에 대한 기사도 너무나 빈번하다.

　부산 사람들의 야구에 대한 열기는 거의 모태 신앙에 가깝다. 기독교 집안에서 자란 아이가 어릴 때부터 교회를 나가듯, 아기들도 걷기 시작하면 부모님을 따라 야구장에 간다. 영화 '해운대'에서 주인공 설경구는 야구장에서 돌아와 술이 취한 채 어머니에게 말한다. "우리는 부산에서 태어났으니, 롯데 우승을 위해 이 한 목숨 다 바쳐야지예." 언젠가는 야구장에 들어갈 수 없을 정도로 만원滿員이 되자 일부 부산 시민들이 외야 철문을 산소용접기로 녹이고 들어갔다고 한다. 그저 공놀이에 지나지 않는 야구가 문화적 현상으로 발현되고 있는 도시다. 바닷가 사람들의 기질과 한 순간 달아오르는 야구의 특성이 서로 잘 맞아서일까.

부산 사람들의 언어 기질은 한 마디로 '생각대로 T'다. 자신이 생각하고 싶은 대로 생각한다. 시장 상인에게 슬쩍 물건 값을 묻기만 해도, "고마, 다 가 가뿌소."(그만 다 가져 가세요) 하며 순식간에 물건을 봉지에 담아 건넨다. 당황해 하며 안 산다고 하면, 그 즉시 물건을 바닥에 주르륵 쏟아 부으면서 "에이, 씨…" 하며 궁시렁댄다. 이쯤 되면 성깔 있는 대구 여자의 등줄기에도 식은땀이 흐른다. 생선전 앞에 서서, "고등어가 싱싱한데 한 마리 살까."라고 혼잣말을 했다가는 어느새 고등어 배를 가르고 있는 부산 아지매를 보게 될 것이다.

부산 사람들에게 어울리는 속담 하나를 고르라면, '뚝배기보다 장맛'이다. 개항 이후부터 각지에서 맨몸으로 찾아든 사람들을 줄곧 보듬어 온 도시답게 부산은 여전히 품이 너르다. 눈치 주지 않고 눈치 볼 필요가 없는 곳이다. 버럭 성을 잘 내는 게 문제지만 뒤끝은 없다. 옥신각신 하다가도 "됐나?", "됐다" 이 두 마디가 오가고 나면 모든 문제가 해결된다. 적어도 남의 뒤통수치는 짓은 하지 않는다.

경제 상황이 어려워졌다고 하나, 부산은 그래도 헤쳐 나갈 길이 있어 보인다. 하다 안 되면 부산 앞바다에 고기를 잡으러 가면 될 것이고, 줄줄이 들어오는 무역선들의 뒤치다꺼리만 해 줘도 밥은 먹고 살 것이다. 대구가 걱정이다. 사과 도시라는 명성이 퇴

색된 지 이미 오래고, 주력 산업이던 섬유사업마저 부진한데다 부동산까지 퇴행성관절염에 걸려 있다. '큰 언덕'을 의미하는 대구, 그 언덕에 앉아 한숨을 내쉬고 있을 사람들을 떠올려본다. 어디서부터 잘못되었을까.

대구에 이사 간지 얼마 되지 않는 지인의 얘기다.

"(……) 제 남편이 기원棋院에 갔는데 낯선 얼굴이란 이유로 반나절이 지나도록 시합에 붙여주지 않더래요. 그리고 제가 쓴 글이 00신문에 실렸다고 했더니, 옆집 대구아줌마가 축하는커녕 그런 거 쓰면 돈을 얼마나 받느냐고 묻는 거 있죠? 어이가 없어서…. 대구 사람들이 칭찬에 인색하다더니 정말 그렇더군요. 공연장에서도 가장 박수를 치지 않는 사람이 대구 경북 사람이라잖아요. 텃세가 심하고 잘난 척은 또 얼마나 하는지. 아, 그러고 보니 자기도 대구 사람이네."

그러나 그녀가 아직 읽어내지 못한 대구 사람 기질 중에는 좋은 면도 많다. 대구 사람들은 쌀로 치자면 '현미'다. 소화되는 게 더뎌서 그렇지 맛과 영양가로 치면 현미만한 게 없다. 일단 마음의 문을 열면 누구보다 끈끈한 정을 베풀며, 한번 맺은 인연은 소중히 생각한다. 또 옳은 일이다 싶으면 끝까지 밀어붙이는 뚝심도 상당하다.

대구의 경제 사정이 좋지 않다는 걸 들은 후로는, 대구에 갈 때마다 거리의 안색顔色부터 살핀다. 지나가는 사람들의 옷차림도 보고 거리에 걸린 현수막도 유심히 살핀다. 대구 경제가 어서 회복되어 다시 활기 넘치는 도시, 패기만만한 도시로 되돌아왔으면 좋겠다.

세계 3대 스포츠 행사에 들어가는 '세계 육상 선수권대회'를 대구에서 개최한다는 신문 기사를 보았다. 반가웠다. 남편에게 보라며 신문을 디밀었다. 한번 쓰윽 보더니,

"그래서 어쩌라고?"

라고 했다. 어쩔 수 없이 부산 남자다.

강바닥을 찾아서

　강으로 가는 길에는 탱자나무 울타리가 죽 이어져 있었다. 오월에 하얀 탱자꽃이 지고 나면 그 꽃자리마다 어린 탱자가 맺혔다. 나는 강으로 갈 때마다 그 여린 탱자가 가시를 피해가며 얼마나 자랐는지 들여다보곤 했다.
　빨래가 끝나면 빨래 방망이를 헹구어 빨래 위에 얹고, 내 고무신을 씻어 햇살 드는 돌 위에다 가지런히 놓았다. 그러고는 동네아이들이 물장난을 치고 있는 강물 속으로 천천히 걸어 들어갔다.
　아이들과의 거리가 얼마 남지 않은 곳에서 갑자기 발이 푹 꺼졌다. 경사면을 따라 미끄러지고 있다는 느낌이 들면서 내 발이 강바닥을 놓쳐버렸다. 아이들 물장구치는 소리가 들렸다 안 들렸다 했다.
　강바닥을 어서 찾아야 한다는 생각으로 물속에서 억지로 눈을 떴다. 강물 속은 엷은 연둣빛이었으나, 움푹 파여진 강바닥은 나를 향해 거무스름한 입을 벌리고 있었다. 얼른 손바닥으로 강바닥을 힘껏 떠밀었다. 그 반작용 때문인지 내 몸이 다시 떠올랐고, 아이들의 목소리가 다시 들렸다.

큰물이 지나간 뒤에 엉켜버린 수초의 꼴을 하고 강가로 다시 걸어 나왔을 때, 내게 무슨 일이 일어났는지 아는 사람은 아무도 없었다. 햇살에 바짝 마른 채 나를 기다리고 있는 고무신을 보니 왈칵 눈물이 났다. 내 발가락도 얼마나 놀랐던지 하얗게 질린 채 쪼글쪼글해져 있었다.

열 살 때의 그 아찔했던 기억을 새삼 떠올리게 된 것은 수필 때문이었다. 수필이란, 소금물에 담가둔 조개가 해감을 뱉어내듯 그렇게 저절로 내 몸 속에서 빠져 나오는 것인 줄 알았는데, 그게 아니었다. 수필이란, 단단한 조개껍데기 속에 야무지게 달라붙어 있는 조개의 속살과도 같은 것이었다. 그래서인지 수필을 쓰면서 갑자기 발아래가 푹 꺼지는 느낌, 물속에 잠긴 채 어디론가 끝없이 떠내려가고 있는 느낌이 자주 들었다.

수필집을 내는 일은 겁도 없이 강물 속으로 저벅저벅 걸어 들어가는 일이었다. 강바닥에 언제 처박히고 말지, 물살에 의해 어느 강기슭으로 떠내려갈지 모를 일이지만, 일단 나의 바다를 내 발과 내 눈, 아니 나의 온몸으로 확인해 보는 일이었다. 간간이 나를 엄습해 오던 수필에 대한 두려움을 그 강물에 얼마쯤 씻어보려는 마음도 있었다.

물속에서 눈을 뜨고 바라보았을 때 나에게 벗어나는 길을 일러주던 강바닥, 수필집을 낸다는 것은 그 강바닥을 찾아가는 일이었다.

뒷모습

 가까운 사람을 배웅할 때 나는 그 사람의 뒷모습을 오래 쳐다보는 버릇이 있다. 뒷모습을 보고 있으면 그 사람에 대한 정이 내 속에 조금씩 차오르는 것 같다.
 그가 사람들 속으로 사라지기 전에, 또는 그가 탄 차가 멀어지기 전에 그가 한번만 뒤돌아봐 주길 간절히 바랄 때도 있다. 그러다 문득 그가 뒤돌아보며 손을 흔들거나 그만 들어가라는 손짓을 하면, 이제껏 조금씩 차오르던 내 마음 속의 정情은 한순간 만수위滿水位에 이른다.
 사람들은 대개 자신의 빈틈을 감추고 싶어 한다. 마침 눈과 입과 손이 모두 앞에 달려 있거나 앞으로 움직이는데 편리한 구조를 가지고 있으니, 누구라도 어느 정도는 자신의 앞모습을 연출해 낼 수 있다. 그에 비해 뒷모습은 아무런 꾸밈 장치를 갖고 있지 않다.

 기쁘고 즐거운 일이 있는 이의 뒷모습을 보면, 어깨의 선線과 각角이 살아나면서 등줄기는 태산준령처럼 힘차게 뻗어 내려간다. 그리고 팔과 다리의 움직임에는 경쾌한 두 박자의 리듬이 실린다. 그러나 아픔과 슬픔에 젖어있는 이의 뒷모습은 전체적으로 움츠린 자세다. 자신의 상실감과 자괴감을 들키고 싶지 않기 때문이다. 목은 꺾이고 어깨가 축 처져 있으니 그걸 받치고 있는 등도 힘겨워 보인다.

 앞모습이 이중 삼중의 잠금 장치를 갖춘 철대문이라면, 뒷모습은 그저 밀쳐둔 싸리 대문이다. 그러기에 뒷모습에서는 언뜻언뜻 그 사람의 인간적인 틈이 보인다. 그러한 틈이 사람의 마음을 끌어당긴다. 이제껏 나는 사람의 정情이란 마음에서 마음으로 오고 간다고 생각했는데, 그보다는 서로의 뒷모습을 통해 조용히 오고가지 않았을까 싶다.

 뒷모습을 보고 있다는 것은 그 사람과 같은 방향을 보고 있다는 의미도 된다. 그래서 앞에 있는 이의 뒷모습이 슬프면, 그를 바라보는 마음도 슬프다. 작년에 남편은 여섯 달 동안 회사를 휴직하고 어떤 자격증 시험에 도전했다. 이른 아침에 공부방에 들어가면 한밤중에 얼굴이 노래져서야 그 방을 나왔다. 반경 3미터 이내의 생활이었다. 그러나 합격자 발표가 있던 날, 꼭 있어야 할 그의 이름이 보이지 않았다. 황망해 하며 그는 다시 합격자 명단을 클릭했다. 그의 손이 떨리는 게 보였다. 내 가슴을 더 아프게 찢어놓은 일은 그로부터 이틀 뒤에 있었다.

　일을 마치고 돌아오니 남편이 보이지 않았다. 쓰러질 듯한 모습으로 어딜 갔을까. 가슴이 쿵쾅거렸다. 그 때 공부방 문틈 사이로 불빛이 새어나오는 게 보였다. 급한 마음에 문을 발칵 열었다. 처진 어깨와 구부정한 등을 야윈 팔로 받쳐 든 채 그가 다시 책을 보고 있었다. 먹먹해진 가슴을 안고 창밖을 내다보았다. 늘 그랬던 것처럼 건물마다 불빛이 환했고 네온사인은 여전히 화려했다. 그 순간 나는 이 도시의 야경이 너무나 매정해 보인다는 생각이 들었다.

　설거지를 끝낸 그릇을 포개놓고 보면, 엎어놓은 그릇의 바깥쪽에 다른 그릇의 안쪽이 닿아 있다. 사람의 일도 마찬가지다. 한 사람의 뒷모습은 다른 한 사람의 앞모습과 맞닿아 있다. 그러므로 어느 한 사람의 비도덕적, 비윤리적인 행동은 그것을 보여주는 것만으로도 이미 다른 사람에게 해가 된다. 아들은 아버지의 등을 보고 자란다는 말이 있는데, 어디 애비와 아들만의 일이겠는가.

　뒷모습은 그 사람의 이미지다. 그의 진정한 얼굴이라고도 할 수 있다. 앞모습이 그럴듯하지 않은 것에 대해서는 다소 부모님을 원망할 수 있겠지만, 뒷모습에 대해서는 전적으로 자신이 책임져야 한다. 누구나 그리워하는 뒷모습을 가진 사람이라면 진정 우리가 사랑해도 되는 사람이 아닐까.

　근래에 나는 다소 희망적인 생각 하나를 품게 되었다. 내가 만일 진실한 마음으로 글을 열심히 쓴다면, 나의 뒷모습이 지금보다는 나아지지 않을까 하는 생각이다. 글이라는 썰물에 의해 나의 부족함과 편견이 드러나고 척박한 내 삶의 바다이 그대로 드러난다 해도, 사람들의 마음과 접속할 수 있는 글을 쓴다면 영 희망이 없는 것도 아니지 싶다. 속을 조금씩 채워가다 보면 빈 자루도 그 자리에 서는 날이 오듯이, 나의 글도 언젠가는 당당히 등을 보일 수 있는 날이 오지 않을까 생각한다.

이 또한 뒷모습에 대한 나의 애착이라 하겠다.

죽방렴

영화 '오아시스'가 마침내 베니스영화제에서 큰 상을 받았다. 기쁜 일이고 당연한 결실이다. 내가 그 영화에 대해 진작 관심을 갖게 된 것은 남자 주연배우에 대한 기사 때문이었다.

'벗은 종두의 가슴이 앙상하다'라는 시나리오의 지문 한 줄 때문에 그는 이 영화를 찍기 전 무려 18Kg이나 체중을 줄였다고 했다. 영화 '박하사탕'에서 선악이 공존하는 광기 어린 눈빛을 보이며, 다가오는 기차를 향해 "나, 다시 돌아갈래."라고 절규했던 배우다. 자신이 맡은 역에 완전히 몰입하여 우리 삶의 모습을 리얼하게 보여주는 그에게서 나는 진정한 프로정신을 느낀다.

자신의 일에 열정을 가지고 몰입하는 사람들을 보면 부럽고 감탄스럽다. 천 켤레도 넘는 연습용 토슈즈toe-shoes를 신었다는 발레리나 강수진, 자신의 기량을 천재성이 아닌 맹훈련덕택으로 돌리는 브라질의 스트라이커striker 히바우두, 또 자신이 연주하는 음악에 철학적 깊이를 더하기 위해 대학에서 철학을 전공한다는 첼리스트 장한나 등. 그들의 삶에 바코드 리더기bar-code reader를 들이댄다면 아마 "열정"이라고 찍힐 것이다.

그런 열정을 부러워하며 내 속을 한참 들여다보았다. 나의 더듬이가 쏠리는 곳이 한 군데 있긴 했다. 글을 쓰고 싶은 마음이었다. 그 중에서도 우리네 삶과 맞물려있는 글, 인생살이의 감동을 격하지 않은 어조로 조근 조근 들려주는 수필 쪽으로 마음이 기울었다.

어떤 수필은 지난날의 아픔을 떠올리게 하거나 회한에 빠져들게 했다. 또 어떤 수필은 스쳐 지나간 인연을 그리워하게 만들었다. 간혹 자신의 자랑거리를 늘어놓거나 제 설움에 겨워 긴 넋두리를 해대는 수필도 있었으나, 쌀에 섞인 '뉘'쯤으로 이해하면 될 일이었다. 너부데데한 일상에 지쳐있을 때 누군가 입에 넣어준 박하사탕 같은 글, 한 문장으로도 전체를 품어내는 미학적인 글, 그리고 지성知性과 감성感性을 한 합습에 담아내는 글을 만났을 때는 감탄이 절로 나왔다. 그러나 너무 관조 일변도이거나 지나치게 현학적인 글을 만났을 때는 머릿속이 얼얼했다.

수필에 끌리면서도 수필이 두려웠다. 만일 내가 용기를 내어 수필 쓰기를 시작한다고 해도 그 다음을 감당할 자신이 없었다. 그 때 떠오른 것이, 내 몸속에 수필에 대한 두려움이 있다면 그것을 풀어줄 약도 분명 들어있지 않을까 하는 생각이었다. 살아있는 목숨이란 어느 것이나 양면성을 갖고 있게 마련이므로. 그 생각이 나의 수필 쓰기의 바탕이 되었다.

하나 지금 나는 길 위에서 길을 잃은 듯하다. 차분히 밀고 나가는 사색이 부족한 탓일까. 간밤에 일어난 사건 사고 위주의 글을 쓰다 보니 '별 일'이 없으면 나의 글쓰기는 이내 중단되고 만다. 이를테면 하늘만 쳐다보는 '천수답' 수필인 셈이다.

그동안 내가 쓴 글은 주로 가난한 시절에 대한 보고서이거나 라디오 오락프로에나 어울릴만한 글이었다. 조금 쓸 만하다 싶은 글 역시 잦은 동종교배同種交配 때문인지 잎이 시들하고 줄기가 약하다. 조금 잘 되었다 싶은 글은 지면紙面에 발표하는 즉시 '어제 내린 눈'이 되어버리고, 함량 미달의 글은 전과기록처럼 나를 따라 다닌다.

글밭을 확 갈아엎어 버리고 싶을 때가 많다. 그러나 글을 쓰면서 느끼는 막막함 못지않게, 글을 쓰지 않을 때는 그만한 공허감이 밀려온다. 어느 쪽이나 끝이 안 보인다는 게 문제다. '혼불'의 작가 최명희는 "쓰지 않고 견딜 수 있는 사람은 얼마나 좋을까." 하며 엎드려 울었다고 한다. 그 마음을 조금은 알 것 같다.

수필 모임의 행사 중에 가끔 단체사진을 찍는다. 어지간히 못난 놈들도 자기 형이나 동생과 나란히 서 있으면 한결 번듯해 보이듯, 유명한 문인들 사이에 끼여 웃고 있는 내 얼굴도 그렇게 보였다. 글은 제대로 쓰지 않으면서 자리부터 꿰차고 있는 듯하여 몹시 부끄러웠다. 그래서 마음을 다져먹었다, 치열한 작가정신과 소명의식을 가진 사람이 되어보자고.

영화 '서편제'에서 유봉은 송화에게 말한다. "속에 응어리진 한恨에 파묻히지 말고 그 한을 넘어서는 소리를 해라"라고. 그 말을 글에다 적용하면, 자신의 체험이나 넋두리를 죽 늘어놓을 게 아니라 그 속에 담긴 삶의 의미와 진정성을 표현해 보라는 의미가 아닐까.

수필을 낚는 방법으로 나는 죽방렴을 생각하고 있다. 죽방렴이란 조수간만의 차를 이용하여 멸치를 통발에 가두어 놓고, 물이 다 빠지고 난 뒤에 뜰채로 건져 올리는 방법이다. 이렇게 잡은 멸치는 그물로 잡은 멸치보다 신선도가 높아서 맛이 한결 고소하고 쫄깃하다고 한다.

밀물 따라 들어온 멸치 떼를 보고도 썰물이 질 때까지 기다린다는 것은, 수필을 쓰기 전 사색할 시간을 충분히 갖는다는 의미일 것이다. 또 참나무 말뚝만 쓴다는 것은, 참나무가 된 마음으로 글을 쓰면서 글의 중심이 흔들리지 않도록 집중하라는 의미가 되겠다. 그렇다면 그물보다 뜰채를 쓴다는 것은 무슨 의미일까. 글에 지나친 기교를 부리지 말라는 뜻이 아닐는지.

내 속에 죽방렴 하나 걸어놓고 밤마다 은빛 멸치 떼 파닥이는 소리에 밤잠을 설치고 싶다.

남편 사용설명서가 없어서

3

동승 · 2
고등어
남편 사용설명서가 없어서
가오리연
크레파스가 있었다
착지
풍로초
기차는 그냥 지나가지 않는다
벽보 붙이는 밤
119로 산다는 것

동 승(同乘) · 2

   남편을 기다리다 잠이 든 모양이었다. 시계를 보니 어느덧 새벽 네 시. 배의 항로를 정하고 입출항의 모든 것을 총괄하는 배의 조종실인 브리지(bridge)에서 남편은 밤새 내려오지 않았다. 그에게 가봐야겠다고 생각하며 빗을 찾았다. 거울 앞에 놓인 그의 빗은 두 군데나 이빨이 빠져있었다. 마누라가 있어도 홀아비처럼 사는 그는 빗 하나도 온전한 걸 갖고 있지 않았다.
   배라는 곳은 연탄불에 꽁치를 구워주는 포장마차도 없고, 저녁 9시 TV뉴스도 볼 수 없으며, 아침이 되어도 문 앞에 신문 한 부 떨어져 있지 않은 곳이다. 봄이 되어도 꽃씨를 뿌릴 수 없는 철판 위이며, 담쟁이덩굴이 벽을 타고 오를 수 없는 쇳덩어리다. 두 뼘 크기의 달력 속에서나 계절이 오고가는 곳, 아예 계절이 비껴가는 곳이다.
   브리지의 문을 천천히 열었다. 몇 개의 스위치 불빛만이 눈에 들어왔을 뿐 온통 캄캄했다. 사람의 소리 대신에 끊어졌다 이어졌다 하는 기계음이 들려왔다. 나는 남편을 숨겨두고 있는 그 어둠 속으로 어기적어기적 걸어 들어갔다.

저 편에서 누군가 내게 아는 척을 했다. 남편이었다. 대뜸 왜 올라왔느냐고 한다. 꺼끌꺼끌한 목소리다. 피곤이 어느새 그의 목을 짓누르고 있었다. 그가 어두운 데서 일을 한다는 게 나를 더 서글프게 했다. 밤에 자동차를 운전할 때 실내등을 끄는 것과 같은 이치라며, 브리지가 캄캄해야 항로를 정확히 파악할 수 있다고 했다. 한석봉의 어머니 같은 말을 하고 있었지만, 힘들게 일하는 모습을 아내에게 드러내고 싶지 않은 마음도 있었을 것이다. 말없이 그의 손을 잡았다.

"와 이카노, 일 하는데."

남편은 얼른 손을 빼내어갔다. 그의 투박한 사투리가 브리지 안에 크게 울렸다.

넓은 브리지 안에는 오직 세 사람, 조타수와 1항사, 그리고 선장인 남편뿐이었다. 배의 길이는 280m고 폭은 40m로, 배를 바다에 띄웠을 때 수면 아래엔 거대한 엔진실이 있고 수면 위로는 9층까지 올라가 있어 엘리베이터를 타고 이동한다. 거의 15층짜리 아파트 한 동 만한 크기다. 20피트 컨테이너 박스를 5500개나 싣고 부산에서 미국 L.A.항까지 여드레 만에 도착할 정도로 속도도 빠르다.

남편은 레이더를 들여다보며 항로를 살핀 후 "130도로 갑시다."

라고 주문을 내었다. 조타수는 얼른 키를 잡으며 "Yes, Sir."을 외쳤다. 해도海圖위에 배의 항로를 그어가며 현재 배의 위치를 표시하는 일이라든지, 가까운 배와의 거리를 레이더로 측정하는 일은 1항사의 일이라 했다. 남편은 유리창에 바짝 붙어 서서 캄캄한 바다 위를 망원경으로 한참 살피더니 "어선이 둘 있구먼."이라고 혼잣말을 했다. 그러고는 통신실로 가더니 팩스로 전송되어온 기상도를 한참 들여다보았다. 길이 없는 바다 위에 이리저리 척척 길을 내고 있는 그는 내가 집에서 보던 그 사람이 아닌 듯했다.

 남편의 등은 늘 방파제의 테트라포트를 연상하게 했다. 아무리 거센 파도가 들이닥쳐도 테트라포트는 움츠리거나 뒤로 물러나지 않는다. 오히려 파도의 거친 숨결을 다독거려 순한 바닷물로 되돌아가게 한다. 돌이켜보면 그의 등은 외항外港뿐 아니라 내항內港에서도 수없이 많은 파도를 만나왔다. 아이들이 학교서 가져온 가정환경 조사서의 아버지 직업난에 슬며시 '회사원'이라고 적음으로써 그의 사기를 꺾은 적이 있으며, 어느 집 가장家長은 월급보다 부수입이 더 엄청나더라는 얘기로 정직하게 살아가는 그를 허탈하게도 했다. 나는 편지에다 이렇게 쓴 적도 있다. 우리는 회전목마의 말처럼 아무리 여러 바퀴를 돈다 해도 제자리에서 오르락내리락 할 운명인가 보다고, 때로는 나를 고정시켜놓은 이 축을 확 뽑아버리고 싶을 때가 있다고 했다. 강한 전기를 발생시켜 상대방을 감전시켜 버린다는 전기뱀장어, 한 때는 내가 그런 아내였다.

크고 작은 파도를 묵묵히 견디며 자신의 뱃길을 열어 가는 사람들, 그들이 바로 '남편'이란 사람들이다. 삶에 있어 '동승同乘'이란 그리 거창한 게 아닐 것이다. 어둠 속에 같이 머물러있는 것, 그리고 함께 어둠을 견뎌내는 것이 아닐까. 어느 날 한 치 앞도 내다볼 수 없는 안개 속에 휩싸였을 때, 양쪽의 노를 하나씩 나누어 쥐고 같이 저어가는 게 진정한 동승일 것이다.

수평선 위에 진주목걸이를 풀어놓은 듯 불빛이 총총하다. 광양항인가 보다. 밤새 파도를 헤치며 달려온 배도 남편도 이제는 얼마간 쉴 수 있을 것이다.

망원경을 잡고 있는 그의 손을 보았다. 힘줄이 툭툭 불거져 있었다.

고등어

 붉은 아가미를 헐떡이며 즐겁게 내달리는 고등어 떼를 TV화면으로 보았다. 수학여행 길에 오른 아이들처럼 생기가 넘쳤다. 그물이 서서히 조여 올 때까지 고등어는 무리지어 유영을 즐겼다. 건져 올린 것은 고등어의 몸통일 뿐, 고등어의 푸른 자유는 이미 그물 밖으로 다 새어나갔다.
 싱싱한 고등어를 보면 잘 생겼다는 느낌이 든다. 동그란 눈 속에는 검푸른 바다가 출렁이고, 방추형으로 생긴 몸매는 어느 각도에서 봐도 맵시가 난다. 짙은 색을 띤 등에는 물결무늬가 일렁인다. 제가 가본 바다를 기억하기 위해 고등어는 제 몸에다 그 바다의 물결을 새겨두었을까.
 고등어의 모양에서 가장 눈길을 끄는 것은 등과 뱃살의 대비다. 군청색을 띤 등은 눈부시게 흰 뱃살 때문에 마치 '눈 속에 묻힌 댓잎'처럼 보인다. 활기차고 명랑한 고등어는 죽어서도 그 기질이 변치 않는다. 냄비 안에서 무엇을 만나든 쉽게 어우러진다. 무, 시래기, 묵은 김치 등. 저 혼자만의 맛을 고집하는 스테이크와는 다르다.

첫 애를 가졌을 때 나는 교사로 근무하고 있었다. 오전 수업을 마치고 점심을 먹으러 교사 식당에 가면, 이틀에 한 번 꼴로 고등어조림이 나왔다. 고등어조림이 지겹다며 불평하는 어느 교사에게, 고향이 남해라는 식당주인은 웃으며 말했다. 고등어는 고등교육을 받은 생선이라 그 값을 톡톡히 할 테니 믿고 드시라고. 그전에는 나도 고등어를 그다지 좋아하지 않았다. 비린내가 심하고 약간 떫은맛이 혀끝에 남는 게 비위에 맞지 않았다. 그런데 무와 함께 슴슴하게 조린 그 식당의 고등어조림은 정말 일품이었다. 무에 배인 고등어 맛과 고등어가 끌어안은 무맛, 그 중 어느 맛이 더 좋았느냐가 종종 교무실의 화젯거리가 되기도 했다.

고등어에 대한 '모태 애정'이 있어서일까. 아들은 제 애비와 달리 고등어를 좋아한다. 고등어조림뿐 아니라 고갈비도 좋아하고, 고등어의 회 맛도 궁금해 한다. 성미와 몸매도 고등어를 닮았다. 책상에 진득하게 붙어있지 못하고 어디론가 쏘다니길 좋아하는 것, 구속당하는 걸 지독히 싫어하는 점, 쇼파를 혼자 들 수 있을 만큼 힘이 센 것, 그리고 뱃살이 뽀얀 것까지 닮았다. 나는 그 애가 공부를 진득하게 하지 않는 게 늘 불만이었다. 내가 만일 그 애를 가졌을 때 고등어 대신 가자미를 즐겨 먹었더라면 어땠을까. 온종일 바다 밑바닥에 착 달라붙어있는 가자미처럼, 어쩌면 그 애도 책상에 척 달라붙어서 열심히 공부하지 않았을까.

친정어머니는 언제나 연탄 화덕 위에 석쇠를 얹어놓고 고등어를 구웠는데, 고등어에서 기름이 뚝뚝 떨어지면서 파란 불꽃이 일었다. 검푸른 껍질이 부풀어 오를 즈음, 고등어는 자글자글 소리를 냈다. 뒤집는 순간 불꽃이 한 번 더 솟구쳤다. 바삭해진 껍질을 젓가락으로 벗겨내고, 살점을 뜯으면 고등어는 훅 뜨거운 김을 뿜어냈다. 등의 살은 결을 이루며 길게 뜯겨졌다. 노릇노릇하게 익은 고등어가 상에 오른 날, 우리 집 밥상은 그야말로 만선滿船이었다.

왜 하필 고등어였을까. 한창 클 나이들에게 넉넉히 먹이려면 값이 싸면서 살점이 많은 고등어가 적당했을 것이다. 몸에 힘 올리는 데는 그만한 생선이 없었으므로. 갈치나 청어에 비해 가시가 적다는 것도 한 가지 이유였으리라. 아이가 생선을 저 혼자 발겨 먹을 수 있다는 것은 가시를 살필 수 있게 되었다는 의미다. 우리 형제는 어쩌면 고등어를 발겨먹으면서 세상의 가시에 조금씩 눈을 뜨게 되지 않았을까.

고등어조림을 젓가락으로 한창 찢어발기고 있는데, 고등어가 부산의 시어市魚로 결정되었다는 뉴스가 TV에 나왔다. 왠지 고등어살을 너무 심하게 찢어선 안 될 것 같았다. 씩씩하고 활기차게 태평양을 누비는 고등어의 역동성이, 목표를 향해 끊임없이 도약하는 부산의 이미지와 딱 맞아떨어진다고 했다. 조선 중기부터

이 지역의 특산물이 되어 가난한 서민들의 살림살이를 도와온 고등어가 마침내 그 공을 인정받았다는 생각이 들었다.

바닷가의 강한 자외선과 해풍에 그을려 얼굴이 가무잡잡하고 약간 기름기가 도는 부산 사람들은 고등어와 싱크로율[1] 백 프로다. 잡히는 순간 제 몸을 패대기치듯 버둥거리는 모습도 부산 사람들의 거친 기질과 꽤 닮았다. 도시 곳곳의 포장마차에서 일 년 내내 고등어구이 냄새가 풍겨오는 걸 생각하면 당연한 결정이다 싶다.

제 살점을 다 내어준 고등어가 대가리에 등뼈 하나만 거느린 채, 접시 위에 누워있다. 당당해 보인다. 빼앗긴 자가 아닌 베푼 자로서의 여유로움이 보인다.

(Endnotes)

1 오차 없이 얼마나 잘 서로 맞아떨어지는 지를 나타내는 수치

남편 사용설명서가 없어서

아무리 다리를 뻗어도 발이 브레이크에 닿지 않았다. 소리를 질러도 목소리가 터지지 않았다. 앞차와 충돌하기 직전에 다시 힘껏 브레이크를 밟았다. 그 순간 "아야!" 하는 남편의 목소리! 꿈이었다. 꿈속에서 급정거를 한 탓인지 온몸이 욱신거렸다.

해운회사에서 육상근무를 하고 있던 남편에게 어느 날 승선乘船 발령이 났다. 어쩔 수 없이 그가 두고 간 차를 내가 몰게 되었다. 나에게 운전은 무척 버거운 일이었다. 마치 사용 방법을 잊어버린 전자제품을 다루는 것처럼 조심스럽고 겁이 났다. 차를 몰고 가야할 일이 생기면 가슴이 죄어들었고, 접촉 사고가 났던 자리에 그어진 흰 페인트 선만 봐도 몸이 떨렸다.

한 남자와 살아가는 일, 그것도 나에게는 버거운 운전이다. 그가 바다로부터 완전히 풀려나 모든 짐을 싸들고 집으로 돌아왔을 때, 나는 '우리가 마침내 한솥밥을 먹게 되었다'는 사실에 감격했다. 밥 끓는 냄새를 함께 맡을 수 있는 것만으로도 행복했다. 나란히 꽂혀있는 그와 나의 칫솔, 빨랫줄에 걸린 어깨걸이 러닝셔츠와 사각 트렁크, 읽다가 접어둔 스포츠신문 등, 그 사소한 것들까지 사랑스러웠다.

어느 날부턴가 슬슬 마법이 풀리기 시작했다. 그의 코털이 눈에 거슬리기 시작했고, 그가 툭툭 내뱉는 말들이 가정사에 대한 자잘한 간섭으로 느껴졌다. 작은 일에도 우리는 서로 각을 세웠다. 냄비 속으로 풍당풍당 수제비 반죽을 같이 떼어 넣다가도 삐걱거렸다. 수제비란 원래 나풀거릴 정도로 얇아야 맛이 나는 거라며, 내가 떼어 넣은 수제비가 모두 뚱뚱하다고 트집을 잡았다. 삶은 감자 앞에서도 싸웠다. 감자는 소금에 찍어 먹는 게 정석이라는 그의 말에, 감자는 설탕을 넣고 으깨어 먹는 게 더 맛있다고 박박 우기다가 그만 싸움으로 번지고 말았다.

싸움의 범위가 차츰 넓어지면서, 나에게 일임했던 '가정사 통수권'을 그가 서서히 거두어 가고 있다는 느낌이 왔다. 파워 게임이 시작된 것이다. 이전에 내가 누리던 전방위 자유와 내가 지배하던 영토를 내놓기가 아까웠다. 나는 밥그릇을 뺏기지 않으려는 강아지처럼 으르렁거렸다. 선박이라는 좁은 공간에서 모든 결정권을 손에 쥐고 생활해온 그로서도 나의 반발과 불복종을 감당하기가 쉽지 않은 모양이었다.

지인들은 나에게 말했다, 기다리던 남편이 돌아왔으니 얼마나 좋으냐고, 이젠 정말 오순도순 재미나게 살아보라고. 그 말을 들을 때마다 모두를 속이고 있는 것 같아 마음이 편치 않았다. 남편을 위해 목숨이라도 내놓을 듯 유난을 떨던 내가 아니던가.

부부 싸움을 거의 하지 않는다는 이에게 비결을 물어보았다. 그녀는 담담한 표정으로 남편을 그저 '어쩌다가 한 집에 살게 된 사람' 쯤으로 생각하고 있다고 했다. 그것은 남편을 거의 의식하지 않는다는 말이며 남편에 대한 기대를 거두었다는 의미다. 부부 사이에 아무 일이 일어나지 않는다고 해서 잘 살아가는 부부라고 할 수 있을까. 전자제품의 사용 설명서는 빠짐없이 나와 있으면서 왜 '남편 사용설명서'는 없는지. 그게 없다면 '부부 싸움 예상 문제집'이라도 한 권쯤 시중에 나와 있어야 하는 게 아닌가.

똑같은 꿈을 반복해서 꾸는 이유가 있을 듯했다. 차의 브레이크를 밟지 못해 쩔쩔매는 꿈은, 어서 브레이크를 밟아야 한다는 강박감 때문이었을 것이다. 바다에 묶인 한 마리 짐승처럼 살다가 이제 머리가 희끗희끗해져 돌아온 남편을 향해 시도 때도 없이 돌격하는 나. 전자 제품의 버튼을 함부로 눌러대는 아이처럼 남편을 내 맘대로 다루려는 나. 그런 나에게 스스로 브레이크를 걸고 싶은 마음이 꿈으로 표출된 것은 아닐까.

우리가 얼마동안 갈등을 겪었던 이유를 짐작해본다. 아무래도 우리는 서로를 제대로 읽지 못 했던 것 같다. 말을 대신하는 그의 눈빛이나 표정, 그리고 그가 한 말의 뒷모습을 내가 미처 살피지 못한 탓도 있지 않을까. 육지 언어에 서툰 그와 바다 언어에 어리

둥절한 내가 서로를 좀 더 이해하려고 노력했더라면…….

  아는 만큼 보인다고 했다. 그래서 나는 요즘 그를 열심히 독학하고 있다. 그가 반찬을 한 젓가락 먹고 난 뒤, "이거 아직 많이 남았나?"라고 물었을 때는 그 반찬이 아주 맛없다는 뜻이며, "그냥 먹을 만하다."고 했을 때는 그 반찬 역시 그저 그렇다는 의미다. 이제 '식생활 편'은 어느 정도 개념이 잡혀가는 듯하다.

  다들 알콩달콩 재미있게 살아가는 걸 보면, 분명 그들은 서로에 대한 사용설명서를 손에 쥐고 있는 듯하다. 아무도 보여주지 않고 빌려주지 않는 '남편 사용설명서'를 나는 남편의 얼굴에서 조금씩 읽어가고 있는 중이다.

가오리연

내가 맡고 있던 반 아이들 중에 유난히 마음이 쓰이는 아이가 하나 있었다. 저 혼자 복도에 나와 창밖을 멍하니 내다보는 모습이 자주 눈에 띄었고, 수업 시간 중에도 고개를 숙인 채 눈물을 닦는 모습도 보였다. 성적이 상위권이니 그 때문은 아닐 테고, 모난 성격이 아니니 교우관계 탓도 아닐 텐데 도대체 무슨 일일까.

시킬 일이 있다며 방과 후에 좀 남으라고 했다. 간단한 심부름을 시킨 다음 아이와 마주앉았다, 무슨 걱정이 있느냐고 물었다. 놀란 듯 아이는 얼른 고개를 가로 저었다. 들키고 싶지 않은 무엇인가가 있는 게 분명했다.

"학교생활은 재미있니?"

"예"

하나도 재미없는 얼굴을 하고 있으면서도 대답은 그랬다.

"공부를 잘하고 착하니까 부모님이 좋아하시겠구나."
"……….."
아이는 고개를 떨군 채 아무 말이 없었다.
"그렇지?"
"……….."
자꾸만 말이 끊어졌다.
 무슨 말이든 잇기 위해, 이 다음에 어떤 사람이 되고 싶으냐고 물었다. 내 말과 거의 동시에 아이의 손등 위로 갑자기 굵은 눈물이 뚝 떨어졌다. 그리고 더듬더듬 엄마 얘기를 하기 시작했다. 엄마가 어디선가 노름에 빠져 몇 달째 집에 들어오지 않는다고 했다. 아버지는 엄마를 붙잡기만 하면 이혼한다고 말했다면서 어깨를 들썩이며 울었다. 엄마가 저를 버렸고 아버지도 곧 저를 버릴 거라고 했다. 아이의 얼굴은 빗물이 흘러내리는 유리창처럼 되었다. 겨우 중학교 2학년인 아이에게 무슨 얘길 해야 하나. 그 애 아버지에게 전화를 걸어, 아이가 깊은 상처를 받을 테니 부디 이혼은 하지 말아달라고 해야 하나. 망설이는 동안 며칠이 지나갔다.
 늦은 밤이었다. 아이에게서 전화가 왔다. 엄마로부터 연락이 와서 아빠 몰래 나가는 길이라며 내일 어쩌면 학교에 못 갈지도 모른다고 했다. 그래 알았다고 했다. 한 가족에게 닥칠지도 모를 불행에 나 역시 쫓기는 기분이었다. 아이는 뭔가 더 말을 하려다가 그만 두는 듯했다. 엄마가 다시 집으로 돌아오지 않으려고 한다 해도 절망하지 말라고, 엄마 때문에 네 앞날까지 그르치면 안 된다는 말을 그 때 했어야만 했다.

그 전화가 마지막이었다. 아이 집으로 몇 번 전화를 해 보았지만 제 어미를 닮아서 아이도 가출을 해버렸다는 그 애 아버지의 푸념을 들었을 뿐이다.

하늘가를 떠도는 가오리연의 모습이 떠올랐다. 가오리연은 연줄에 연연해하지 않은 채 늘 무엇인가를 찾아 나르는 모습이다. 용감하고 배포 있게 하늘을 누비는 매연鷳鳶이나, 무슨 액厄을 피하기 위해서 하늘에 띄우는 방패연防牌鳶과는 달리, 가오리연에서는 어떤 절박한 소망이 느껴진다. 바람을 타고 오르면서도 연실 이리 저리 두리번거리는 가오리연에는 제 어미를 찾아 나선 아이의 모습이 들어있다. 하늘 언저리에서 머뭇거리며 더 높이 날지 않는 연은 대문 밖에서 어머니를 기다리며 서성대는 아이처럼 보인다. 그 아이의 가출을 어떻게 이해해야 하나. 제 몸이 공중에서 찢기는 한이 있더라도 어미를 찾아 날고 싶은 가오리연의 꿈이었을까.

가무러지지 않는 영혼이 어디 있으랴만, 여린 불빛은 잔잔한 바람 앞에서도 불꽃 심지를 가누기 힘든 법. 또 줄이 끊어진 연이라면 바람에 운명을 걸 수밖에 없지 않는가. 돌개바람에 휩싸여 곤두박질을 치든지, 나뭇가지에 배를 찔린 채 댓가지와 무명실 몇 가닥으로 남아 우우 대며 울고 있을지도 모른다. 나는 차라리 아이가 바다 속을 자유로이 헤엄쳐 다니는 가오리가 되었으면 싶었다. 몇 달 뒤 아이의 아버지가 자퇴서를 내는 것으로 학교와의 인연도 끝이 나버렸지만, 아이의 손등을 적시던 그 눈물자국은 내 마음에 그대로 남아버렸다.

아이에게 있어 부모는 얼레다. 그리고 자식이란 부모가 하늘에 띄우는 연이다. 연줄에는 자식에 대한 조건 없는 사랑, 더 잘 해주지 못해 미안한 마음, 그리고 부모와는 다르게 살아주기를 바라는 소망이 들어있다. 그래서 연줄은 세찬 바람도 당당히 견딜 수 있는 것이다.

연줄을 어느 정도 늘려 잡아 줄 때는 연이 편안히 날아오르지만, 연줄을 너무 짧게 쥐고 있으면 제대로 오르지도 못한 채 땅으로 곤두박질치기가 쉽다. 자식 키우기도 어쩌면 이와 비슷하지 않을까. 바람을 타고 유연하게 날아오르는 연을 보고 있으면 참으로 대견스럽다. 때로는 너무 높이 올라간 연이 기고만장한 나머지 연줄을 끊어버리고 더 높은 하늘로 올라가 버리기도 하는데, 그럴 때도 부모는 "그래, 네가 좋은 데로 가기만 한다면 우리는 괜찮다."하며 얼레를 감는다.

사는 게 너무 숨 가쁘다고 느껴질 때 나는 연이 되어 있는 나를 상상한다. 연 중에서도 양쪽 지느러미와 꼬리를 힘차게 펄럭대며 하늘 속을 마음대로 누비는 가오리연이 되고 싶다.

나는 너무 높이 날려고도 하지 않을 것이며, 가는 길에 구름이나 새떼를 만나면 반가이 손을 잡고, 아스라이 펼쳐져 있는 능선이나 들판을 조용히 내려다볼 것이다. 그렇게 떠다니다가 하늘가를 맴돌고 있는 어린 가오리연 하나 등에 업고 돌아올 수 있다면 더없이 기쁜 일이겠다.

크레파스가 있었다

마음이 울적할 때 나는 곧잘 동요를 부른다. 처음에는 마음의 편을 들어주기 위해 약간 슬픈 곡을 택한다. 연이어 두 곡쯤 부르고 나면 마음의 물기가 절반은 걷힌다. 마음이 내 성의를 받아들였기 때문이다. 그 다음에 부르는 노래가 '아빠와 크레파스'다. 노래 한 소절 끝에 나오는 '음 음'이라는 후렴구가 처져 있는 내 마음을 살짝살짝 들어 올려 준다.

"밤새 꿈나라엔 아기 코끼리가 춤을 추었고,
크레파스 병정들은 나뭇잎을 타고 놀았죠. (음 음)"

크레파스 통에 들어있던 크레파스들이 일제히 뛰어나와 나뭇잎을 타며 노는 정경을 상상하면 이내 마음이 보송보송해진다.

크레파스에 대한 기억들이 내 마음에 그림을 그리기 시작하는 것도 그 즈음이다.

　우리가 초등학교를 다닐 때는, 몇 가지 소지품만으로도 그 집의 형편을 대략 짐작할 수 있었다. 운동화와 고무신, 보온밥통과 양은 도시락, 책가방과 책보, 크레파스와 크레용 등. 운동화를 신고 다니면서 미술 시간에 36색 크레파스를 펼쳐놓고, 점심시간마다 보온밥통을 꺼내는 아이라면 틀림없이 부잣집 아이였다. 다른 것은 그다지 부럽지 않았는데, 36색 왕자크레파스만큼은 욕심이 났다. 이층 양옥집처럼 위·아래층에 색색의 크레파스가 빼곡히 채워져 있는데다 금색, 은색도 들어있었으며 크레파스 통 위에는 금빛 왕관을 쓴 왕자님이 언제나 웃고 계셨다. 내가 그것을 가질 수 없을 거라는 생각이 그것에 대한 갈망을 더 키웠는지도 모른다.

　초등학생이 셋인데도 불구하고, 우리 집에는 크레파스가 한 통밖에 없었다. 그것도 우리가 살고 있는 단층 슬래브 집을 닮은, 옆으로 한 줄에 그치는 20색 크레파스였다. 불평을 해 대는 우리들에게 어머니는 말씀하셨다. 셋이 돌아가면서 쓰라고, 학용품도 아껴 써 버릇해야 나중에 잘 산다고. 나는 속으로 생각했다. '어디 어머니의 말이 맞는지 두고 보자. 시집가서 내가 못 살기만 해 봐라.'하고. 서로 미술 시간이 겹치는 날이나, 크레파스를 받으러 갔으나 못 만나는 날은 정말 막막했다. 지금도 '크레파스'하면 황급히 교실 복도를 뛰어가는 내 모습부터 생각난다.

크레파스로 그리는 그림이 좋았다. 조금만 부주의해도 물감이 엉뚱한 곳으로 번지거나 붓을 잡은 손에 힘 조절하기가 힘든 수채화에 비해, 크레파스 그림은 나를 재촉하지 않으면서 도화지 크기 백배쯤의 자유를 주었다. 내가 원하는 대로 가고 멈추고 드러눕는 크레파스야말로 확실한 내 편이었다. 나는 풍경보다 사람을 즐겨 그렸다. 많은 사람들과 어울리고 싶으면서도 쉽게 섞이지 못하는 내 마음을 크레파스는 착실하게 표현해 주었다.

크레파스는 자신의 색 위에 다른 색을 받아들임으로써 새로운 색을 만들어 낸다. 보라가 없을 때는 빨강과 파랑이 만나 걱정을 나누고, 초록이 없으면 노랑과 파랑이 서로 힘을 합친다. 노력을 하면 20색 크레파스만 갖고도 색상이 풍부한 그림을 그릴 수 있다는 걸 나에게 보여 주었다. 어쩌다 물컵을 엎질렀을 때에도 크레파스 그림은 물기를 툭툭 털어 내며 아무렇지도 않은 표정을 지었다. 더러 슬픈 일이 생기더라도 마음까지 푹 젖어선 안 된다는 말을 하려는 듯했다.

미술 시간을 마치고 크레파스를 제자리에 정리하는 시간도 좋았다. 열심히 뛰어다닌 크레파스의 몸에 남아 있는 온기를 느낄 때면 가슴이 뭉클했다. 머리에 다른 색을 잔뜩 뒤집어쓴 크레파스는, 때 묻은 점퍼를 입고 귀가하는 아버지를 생각나게 했다. 약주 기운이 있는 아버지를 부축해 이부자리에 눕혀 드리고 나면, 아버지는 이내 코를 골며 잠이 드셨다. 크레파스들도 그렇게 달게 한숨 잘 것 같았다. 나란히 누운 크레파스 위로 하얀 종이를 덮어 주고 크레파스 뚜껑을 닫아 주는 순간의 고요함이 나는 좋았다.

 그 무렵 우리 집 식구들은 한 방에서 같이 잠을 잤다. 누운 모습이 한 통의 크레파스였다. 우리 육남매의 색도 제각각이었다. 언니는 우리들의 밑그림을 그려 주는 노랑이었던 것 같다. 밑그림이란 표현하고 싶은 형상의 바깥 선을 그려 주면서 전체적인 구도를 잡아 주지만, 그림이 완성된 후엔 짙은 색에 묻혀 버린다. 그렇다고 그 선이 사라지는 건 아니다. 지금도 그 노랑 선은, 우리들 마음이 선 밖으로 나가지 않도록 지켜주고 있는 것이다. 언니에 비하면, 나는 아마 연두와 초록이었지 싶다. 새잎을 내고 다시 무성한 잎으로 키우기 위해 우리 집의 녹색 계열을 다 끌어다 썼던 것 같다. 어머니는 어떤 색이었을까. 자신의 색을 버린 채 그저 자식의 바탕색으로만 한 평생 살아오신 것 같다. 어머니를 생각할 때면 자주 내 눈에 차오르는 눈물로 미루어 볼 때, 어쩌면 눈물과 같은 색이 아니었을까 짐작할 뿐이다.

 어제는 사물함을 정리하다 아들의 이름이 적힌 크레파스를 발견했다. 두꺼운 책 밑에 놓여 있는 바람에 통이 조금 일그러져 있었다. 나는 얼른 크레파스를 꺼내 들었다. 같은 부서에서 일하는 직장 선배가 사사건건 시비조에다 노골적인 구박을 해 댄다는 아들의 말이 생각나서였다. 아들의 마음도 그렇게 일그러져 있을까 봐 걱정되었다. 아들이 이 크레파스를 마지막으로 쓴 게 언제였을까 생각하며 천천히 뚜껑을 열었다. 몇 개의 자리는 비어 있었고, 몇 개는 한 번도 사용하지 않은 듯이 보였으며, 나머지 것들은 크기가 제각각이었다. 크레파스를 싼 종이가 찢어진 것, 종이가 아예 벗겨진 것, 두 동강이 난 것, 너무 닳아버려 이젠 손에 쥘 수도 없는 것 등, 그 모든 것이 같은 통에 들어 있었다.

크레파스처럼 우리도 자신만의 색을 갖고 태어난다. 아무리 비슷하다고 해도 절대 똑같을 수는 없다. 그동안 나는 나 자신의 색이 가장 좋다고 우기면서 살아온 게 아닐까. 다른 색의 크레파스가 마음에 들지 않는다며 흉보거나 업신여긴 적도 많았던 것 같다. 혹시 아들이 나를 그대로 닮은 것은 아닌지.

아들도 크레파스처럼 제 몸이 닳는 것을 두려워하지 말고 다른 색과 잘 어우러지면서, 세상이라는 도화지 위를 열심히 뛰어다녔으면 한다. 부디 크레파스 병정처럼 씩씩하고 당당하게.

〈좋은책신사고, 중학국어-4에 수록〉

착지 着地

 보리차 한 병이 어느새 다 비워져 있었다. 내가 다가서는 기척을 느꼈을 텐데도 남편은 벽을 향해 누운 채 아무 말이 없었다. 그와 나 사이의 거리가 천리도 더 되는 것 같았다.
 아침 식사를 하던 그가 슬며시 수저를 내려놓으며, 이번 시험도 제대로 못 본 것 같다고 했을 때 나는 그저 수험생 특유의 엄살이려니 했다. 그러나 시간이 흐를수록 그의 얼굴에는 불안한 기색이 짙어져갔다. 배가 고프지 않다며 점심도 거르더니, 모로 누운 채 저녁 어스름이 내릴 때까지 꼼짝도 하지 않았다. 누군가 그의 몸에다 절망이라는 소금을 켜켜이 뿌리고 있는 것 같았다.
 그가 외롭고 힘든 승선생활을 이십 년 이상 할 수 있었던 것은 도선사가 되려는 꿈이 있어서였다. 도선사란 부두로 입항하거나 부두에서 출항하는 선박을 안내하고, 접안과 이안을 지휘하는 사람이다. 육천 톤 이상의 선박에서 오년 이상 선장으로 근무한 사람들만이 응시할 수 있는 시험이기에, 응시자들은 대개 사십대 중반을 넘긴 나이에 있다. 집 주소와 전화번호도 가물가물해 지려는 나이, 냉장고 문을 열고도 자신이 뭘 꺼내러 왔는지 다시 생각해 봐야 하는 나이다. 팽팽하던 자신감도 오래 입은 팬티 고무줄처럼 느슨해지고, 끓어오르던 삶의 의욕마저 잠잠해지기 시작하는 나이다.

무더운 칠월의 날씨에도 불구하고 남편은 그 시험을 치러갈 때마다 소매 긴 옷을 꺼내 입었다. 자꾸 한기가 든다고 했다. 자신만 그런 게 아니라 많은 응시생이 그렇게 입고 온다고 했다. 한여름에 소매 긴 옷을 입은 사람들이 모여 온종일 벌벌 떨어가며 치는 시험이었다.

오랫동안 시험공부를 해온 그였기에, 제 때 원서나 내고 시험 치는 날짜만 놓치지 않는다면 재깍 붙을 시험이려니 생각했다. 그런데 그리 만만한 시험이 아니었다. 그가 두 번째 시험을 치러갈 때만 해도 나는 여유 있게 웃으며 말했다.

"보소, 장대 길이가 좀 짧다 싶거들랑 발뒤꿈치를 살짝 들어보소. 그러면 안 되겠능교."

그의 장대가 짧았던지 아니면 휘두르는 힘이 약해서였던지, 그는 다시 낙방을 했다. 그리고 며칠 뒤 짐을 꾸려 바다로 돌아갔다. 그러나 내 마음 속에는 한결 같은 믿음이 있었다. 신神이 어느 가지 끝엔가 그를 위해 까치밥 하나쯤 남겨두었으리라는 믿음이.

그가 오랫동안 마음 고생하는 걸 지켜보면서도, 나는 그에게

도선사가 되지 않아도 된다고 말하지 않았다. 그의 충실한 러닝메이트가 되겠다고 약속은 했지만, 사실 나는 그를 돕는 협력자가 아니었다. 나야말로 남편을 입시 감옥에 감금해둔 채 절대 풀어주지 않은 냉정한 형리였다. 오히려 그가 그 감옥으로부터 탈출을 시도할까봐 오며가며 철저히 감시하고 있었는지도 모른다. 그가 몸을 뒤트는 기미라도 보일라치면 나는 얼른 감옥 안을 향해 속삭여대곤 했다, 당신은 곧 풀려나게 될 거라고. 이를테면 '희망 고문'을 했던 셈이다.

절망이라는 나무는 하루 만에도 다 자라는 나무였다. 아침나절만 해도 어린 줄기를 보이던 게 저녁 무렵에는 온 집에 절망의 가지를 드리웠다. 그 가지에서 나는 회한의 열매를 보았다. 그가 만일 이번에도 낙방한다면 그것은 내가 준 심적 부담감 때문일 거라는 생각이 들었다. 완전히 모양이 일그러진 분노의 열매도 보였다. 보상 받지 못한 노력에 대한 허탈감과 열외로 밀려났다는 자괴감이 만든 열매다. 가지에 매달려있는 것조차 힘들어 보이는 체념의 열매, 그 열매들을 보며 나는 다시 목이 메었다.

두려움과 막막함이 만드는 격자무늬가 끝도 없이 이어지는 밤이었다. 날이 밝으면 시험 결과가 나온다고 했다. 오랫동안 바쳐온 그의 노고를 그냥 날려 보낼 수는 없었다. 상처 입은 한 마리 짐승처럼 웅크린 채 눈도 뜨지 않는 그를 다시 바다로 내보낼 수는 없었다.

상을 펴고 정한수 한 그릇을 올렸다. 집에 있는 과일도 모두 꺼내어 씻은 뒤 상에 올렸다. 그리고 나는 그 앞에 엎드렸다. 정한수 한 그릇보다 더 많았을 그의 땀을 부디 기억해달라고 신神에게 빌었다. 붉은 과육 속에 또렷이 들어있는 씨처럼 그의 오랜 노력이 부디 결실을 맺게 해달라고 애원했다. 그 사람도 남들처럼 땅을 디디며 살아갈 수 있게 해달라고, 신이 원하신다면 나는 그를 위해 기꺼이 노둣돌이 되겠노라고 약속했다. 봄 여름 가을 겨울, 그와 한솥밥을 먹고 그와 한 이불속에 잠드는 것을 제발 허락해달라고 떼를 썼다.

쉼 없이 절을 했다. 얼마나 시간이 흘렀는지 양쪽 허벅지가 바위처럼 단단하게 굳어져왔다. 그만 조르고 바위처럼 침묵한 채 기다려보라는 뜻이었을까.

다음날 아침, 전화벨이 요란하게 울렸다. 누군가 그의 낙방을 알고 위로하려는 것일까. 한참 망설이다 수화기를 들었다.

"여기 해양수산부입니다. 축하드립니다. 도선사 필기시험에 합격하셨습니다."

그것은 그가 이제 땅 위에서 살 수 있게 되었다는 의미였다. 망망대해가 아닌 땅위에서, 자동차도 보고 사람도 보고 꽃과 나무도 마음껏 보며 살아도 된다는 허락이었다. 고맙다는 말밖에 나오지 않았다. 합격을 알려준 그 사람이 고마웠고, 또록또록한 음성을 무사히 내 귀에까지 전해준 우리 집 전화기도 고마웠다.

전화기를 든 채 얼른 뒤를 돌아보았다. 그가 어느새 거실 한 가운데에 우뚝 서 있었다.

풍 로 초

　꽃집 앞에는 유치원 아이처럼 이름표를 단 꽃모종이 열 지어 있었다. 그 중 '풍로초'라는 이름이 내 눈에 들어왔다. 오종종한 잎이 무성해서 줄기도 보이지 않는 야생화였다.
　풍로라는 것은 불을 지피기 위해 바람을 일으키던 옛날식 선풍기다. 화덕 아래에 뚫린 구멍에다 풍로를 들이대고 세게 돌리면 한순간 불쏘시개에 불꽃이 일면서 쟁여둔 숯에 빨갛게 불이 옮겨 붙었다. 그 옛날 풍로처럼 꽃을 화르르 잘 피워낼 것 같은 느낌이 들어 모종을 세 개나 샀다.
　큼직한 토분에다 한꺼번에 심어주었는데 처음에는 서로 멀뚱멀뚱 쳐다보기만 했다. 차츰 저희들끼리도 궁금해졌는지 목을 빼 들고 서로를 살피는 듯했다. 건듯 불어오는 바람을 핑계 삼아 다른 잎을 슬쩍슬쩍 밀기도 하고 옆에 있는 녀석의 줄기를 툭툭 건

드리며 어느새 장난을 치고 있었다. 나는 고것들이 사랑스러워 틈만 나면 그 앞에 쪼그리고 앉았다.

어느 날 꽃망울이 보인다 싶더니만 마치 풍로를 돌린 듯 한꺼번에 꽃불이 일기 시작했다. 흙, 바람, 햇살이 예전 같지 않았을 텐데도 기특하게 꽃을 피웠다. 꽃대를 올려 꽃잎을 내고, 줄기를 옆으로 낼 것인지 말 것인지 저 혼자 다 알아서 했다. 나는 그냥 간간이 물이나 주고, 베란다 창을 열었다 닫았다 해주었다. 그러니 꽃을 기른다고 말하기도 미안했다.

그에 비하면 나는 얼마나 오만한 타박쟁이인가. 어떤 일이 제대로 되지 않을 때면 늘 무슨 '탓'으로 돌렸다. 내 자신의 능력과 인내심을 반성하기보다는 운이 나빠서, 돈이 없어서, 사람을 잘못 만나서 등등.

가끔 지인知人들이 전화를 걸어와 어찌 지내느냐고 물으면 나도 모르게 쓸쓸하다는 말부터 한다. 쓸쓸해 하는 것이 마치 나의 일상인 것처럼. '쓸쓸'이라는 낱말은 모양부터 쓸쓸해 보인다. 시옷이 네 개다. 한 곳에 가만히 머물지 못하고 치마폭을 펄럭이며 어디론가 가고 있는 모습이다. 그것이 내 모습이라면 아쉬울 것 같았다. 나 자신의 엠블럼(emblem : 상징, 표상)은 정적인 이미지였으면, 조용하면서도 새롭게 거듭나는 정중동靜中動의 이미지이기를 바랐다. 어쩌면 그런 이미지는 꽃과 나무에서 배울 수 있지 않을까 싶었다.

식물을 기르는 것은 동물을 기르는 것보다 마음 편한 일이다.

두 발이나 네 발 달린 것들은 제 마음대로 돌아다니기 때문에 여간 신경 쓰이는 게 아니다. 자식은 물론이고 강아지나 고양이를 기르면서 제 때 제자리에 돌아오지 않아 애를 태운 적이 한 두 번이 아니다. 그에 비하면 식물은 아주 온순하다. 제 자리에 앉아 조용히 꽃을 피우거나 잎을 내든가 하고, 기껏해야 창밖을 내다보는 정도다. 내가 외출에서 돌아올 때도 강아지는 나를 보는 순간 겅중겅중 뛰고 내 다리를 핥고 기어오르고 난리인데 비해, 화분에 담긴 식물들은 나를 반기며 다정한 눈빛을 보내온다.

어떤 사람들은 화분을 기르는 게 어렵다고 한다. 그것은 식물을 겉보기로 대하고 자기 마음대로 다루기 때문이다. 사람에게만 사상의학이 있는 게 아니다. 식물은 식물대로 그것이 좋아하는 자리가 있으며, 먹고 싶은 물의 양과 거름이 정해져 있는 법이다. 양지식물을 음지에 갖다놓으면 곧 생기를 잃게 되고, 음지식물을 양지에 오래 두면 더위를 먹어 이내 잎이 타 들어간다. 아이비Ivy는 물을 너무 자주 주어서는 안 되며, 신답서스는 물을 충분히 주어야 잘 자란다.

기르는 사람은 여러 개의 눈과 손을, 또 부지런한 발을 가지고 있어야 한다. 다정하게 바라보는 눈뿐만 아니라 아픔을 살피는 눈, 원하는 것을 짐작해내는 눈이 있어야 한다. 또 부드럽게 어루만져 주는 손도 있어야 하고 잘못 자란 부분을 과감히 걷어내는 손도 필요하다. 눈과 손이 여럿 있다고 해도 제 때 움직여주는 발이 없다면 그 또한 안 될 일이다.

많은 화분 중에서 유난히 풍로초에 마음이 쓰인다. 줄기도 가늘고 꽃잎도 가냘프다. 그보다는 그것이 야생화이기 때문이다. 야생화란 두터운 햇살 속에서 자유로이 바람과 만나며 한갓지게 자라는 꽃이 아닌가. 그런데 아파트 14층 베란다에 억지로 데려다 놓았으니 어찌될까 걱정이 되었다.
　내 걱정과는 달리 풍로초는 아주 열심히 줄기를 내고 꽃을 피웠다. 화분 가장자리를 넘어 베란다 바닥에 저만의 꽃밭까지 만들었다. 작은 꽃잎 다섯 장에 하늘을 받쳐 들기라도 하려는지 가녀린 꽃대에 잔뜩 힘이 들어가 있다. 꽃잎을 벙그는 모습 또한 너무나 천진스러워 꽃에서 눈을 뗄 수가 없다. 겨우 내 엄지손톱 만한 꽃을 피우면서도 풍로초는 우리 집에서 가장 부지런하다.
　꽃에서 어떤 열정이 느껴진다. 풍로초는 쉴 새 없이 풍로를 돌리고 있는 걸까. 뻗어 나가는 줄기는 생기로 가득 차 있고, 봉긋이 부푼 꽃망울에서는 예비 꽃들의 심호흡이 들린다. 풍로초는 이래저래 신나 보인다. 피울 게 있기 때문이다. 나의 삶에도 과연 피울 게 있기나 한지, 만일 있다면 그것이 어떤 형상인지 궁금하다.
　꽃을 보고 있으니 꽃도 나를 빤히 쳐다본다. 너는 왜 꽃을 피우지 않느냐고 묻는 듯하다. 대답이 없는 내게 꽃은 다시 말하는 것 같다. 이 세상에 준비 없이 피울 수 있는 꽃은 한 송이도 없는 거라고.
　내 삶에 있어서 무언가 피워낼 게 있다면 그것만으로도 보람된 일이 될 것이다. 그것이 잎이면 어떻고, 꽃이면 어떤가. 또 꽃잎이

다섯 장이면 어떻고, 여섯 장이면 또 어떤가. 피우기 위해 성실히 준비하는 삶, 그 자체만으로도 충만한 게 아닐까.

  일이 손에 잡히지 않을 때, 하늘이 너무 높아 보일 때, 그리고 쓸쓸해지려고 할 때 나는 풍로초를 찾는다. 어쩌면 꽃 하나 하나가 작은 풍로가 되어 내 가슴에 뜨거운 바람을 불어넣어 줄 것 같아서다.

〈2003년 부산일보 신춘문예 수필 당선작〉

기차는 그냥 지나가지 않는다

 어릴 적 내가 살던 곳은 경부선 기차가 지나다니는 시골이었다. 저녁밥을 먹은 뒤 심심하면 나는 강둑에 앉아 기차를 기다렸다. 기차는 어두운 들녘의 한 쪽을 들치며 씩씩하게 달려왔다.
 기차는 아름다웠다. 캄캄한 밤하늘에 소리 없이 풀어지던 증기도 아름다웠고, 네모난 차창에서 새어나온 불빛이 만드는 금빛 띠도 무척 아름다웠다. 그 들녘에 이르러 울리던 기적 소리는, 기차가 길게 내쉬는 숨비소리였다. 나는 그 때 기차는 어쩌면 한 마리의 순한 짐승일지도 모른다고 생각했다. 기차는 그냥 지나가지 않았다. 한 번도 가보지 못한 곳에 대한 그리움을 내 가슴에 주르륵, 두 줄로 박아놓고 갔다.
 시계가 귀하던 시절이라, 기차가 오가는 시각이 시계 역할을 했다. 어머니는 내 바로 아래 동생을 서울 가는 첫 기차 시각에 낳

있다고 했다. 그리고 대구에서 오는 저녁 통근차가 도착할 무렵 나를 낳았다고 했다. 그러고 보면 내가 이 세상에 태어나 처음으로 들은 소리는 어머니의 목소리가 아니라 기적 소리였을지도 모른다.

기찻길은 누구에게나 서정을 불러일으킨다. 멀리까지 이어지는 시각적 이미지 때문인지, 기찻길이 상기시키는 그리움은 과거 지향적이면서도 미래 지향적이다. 돌아가고 싶은 곳으로의 향수와 달려가고 싶은 곳에 대한 잔잔한 열망을 동시에 품느라고 기찻길은 아마 평행선이 되었을 것이다. 반짝이는 선로와 거무스레한 침목, 그리고 녹물을 뒤집어쓴 자갈이 전부인데도 기찻길이 아름다워 보이는 이유는 무얼까. 그 길 위에 우리가 만나고 싶은 이들이 있기 때문 아닐까.

기차 안에서 바깥 풍경을 내다보는 것도 좋지만, 나는 내가 탄 기차가 어떻게 달리는지 고개를 내밀어 기차의 앞쪽을 보는 것도 좋아한다. 수시로 좌우로 꺾이면서도 이내 몸체를 추스르는 기차, 두 세 갈래의 선로 앞에서도 머뭇거림 없이 바로 하나를 택해 달리는 기차를 보면서, 나는 자신감 넘치는 어떤 '남자'의 이미지를 떠올린다. 대부분의 여자들이 기차 타기를 좋아하는 데는 이런 이유도 들어있지 않을까.

대학 시절, 그와 나는 서로 사는 곳이 달라 기차를 자주 탔다. 늘 역에서 만나고 역에서 헤어졌다. 헤어질 때마다 나는 입장권을 끊어서 그를 배웅하곤 했는데, 그는 언제나 기차의 맨 마지막 칸

뒷문에 서서 나에게 손을 흔들었다. 그리움이란 소실점으로 변해 가는 것에 대한 아쉬움인지도 모른다. 그 때 만일 그 사람이 기차를 타고 떠나는 모습을 나에게 자주 보여주지 않았더라면, 우리는 지금 어떻게 되어 있을까. 길을 물어도 못 들은 척하며 그냥 지나가는 사이가 되었을 지도 모른다.

기차는 승객과 함께 갖가지 사연도 태우고 달린다. 여유롭게 여행을 떠난 사람, 밥벌이를 위해 헐레벌떡 기차에 오른 사람, 그리운 이를 만나러 가는 사람, 그리고 실의에 빠져 무작정 기차에 오른 사람 등. 그러나 의자에 기대어 잠들어 있는 모습은 다들 편안해 보인다. 그의 고단함이 어느 정도인지 재빨리 알아차린 의자가 그를 아주 편안하게 받쳐주기 때문이다. 기차 의자만큼 세상살이의 고단함을 잘 알고 있는 의자가 또 있을까.

기차에서 잠깐 잠들었다가 깨어보면, 옆에 앉았던 사람이 내리고 다른 사람이 그 자리에 앉아있을 때가 많다. 삶 또한 그러하다. 몇 정거장 지나다보면 내 옆에 앉아있던 슬픔이 내리고 그 대신 기쁨이 찾아들며, 어두운 얼굴로 앉아있던 절망이 내린 뒤엔 환한 미소를 띤 희망이 내 옆에 사뿐히 앉기도 한다. 질주와 멈춤, 채움과 비움을 반복한다는 것, 그리고 종착역에 이르러서는 모든 걸 내려놓고 다시 빈 차가 되는 것까지, 기차는 우리의 삶과 아주 많이 닮았다.

기차는 제 속도 때문에 정작 좋은 풍경들은 다 놓친다. 나 역시 그렇게 살아온 듯하다. 그동안 내가 무사히 잘 달릴 수 있도록 건

널목에서 차단기를 내려준 사람들과 나를 위해 철로를 보수해준 사람들, 그리고 기찻길 옆에 피어있던 꽃과 나무들까지 모두 잊은 채, 나는 그저 달리기에만 급급했던 것 같다. 작고 이름 없는 역이라고 그냥 지나친 간이역은 또 얼마나 많았을까. 게다가 이것저것 잔뜩 이어 붙이는 바람에 나는 지금 너무 긴 기차가 되어 버렸다.

오후에 건널목에서 동해남부선 기차를 만났다. 겨우 다섯 량만 이은 기차였다. 기차는 은빛 햇살을 받으며 마치 나비가 날아가듯 바다 쪽을 향해 팔랑팔랑 날아갔다. 나도 그렇게 산뜻하고 경쾌한 기차가 될 수는 없을까.

기차는 오늘도 그냥 지나가지 않았다.

벽보 붙이는 밤

집 나간 강아지를 찾는다는 벽보가 어느새 다른 것으로 바뀌어 있었다.
"칠년 전 반여동 S아파트에 살았던 영어 선생님을 찾습니다."
이번에는 강아지 대신 사람을 찾는구나 생각하며 사연을 읽어 내려갔다. 아! 그것은 바로 나를 찾는 벽보였다.
벽보에 적힌 연락처로 전화를 했다. 짐작한 대로 벽보를 부친 사람은 내가 이전에 가르쳤던 학생의 어머니였다. 딸아이가 부산의 중학교에 교사 발령을 받았다는 소식을 꼭 전하고 싶었는데, 이 아파트에 살고 있다는 것만 전해들은 터라 벽보를 붙이게 되었다고 했다. 나를 감격하게 만든 벽보였다.
기억하고 싶지 않은 벽보도 있다. 초등학교 때, 방학이 다가오면 다른 아이들은 이런저런 계획으로 들떠있었다. 그런데 나는 그 반대였다. 방학만 되면 서울에 있는 외삼촌댁으로 보내졌기 때문이다. 한 입이라도 덜어보기 위해 마치 배추를 솎아내듯 나를 솎아내는 부모님이 원망스럽기도 했지만 안 가겠다고 떼를 쓸 분위기도 아니었다. "어느 놈이 방학이란 걸 만들어내 가지고 참….."하는 아버지의 불평도 듣기 불편했고, 어머니가 바라는 일이라 나는 말없이 짐을 챙겼다.

어머니는 가끔 늦은 밤에 서울로 전화를 하셨다. 외숙모와 통화를 한 뒤에는 꼭 나를 바꿔달라고 했다. 어머니의 목소리를 들으면 목이 메여 말이 나오지 않았다. 어머니는 외숙모가 들을까 봐 아주 작은 목소리로 내게 속삭였다.

"아무 소리 말고 잘 붙어있어야 한데이, 엄마가 데리러 갈 때까지는. 알겠제?"

나는 어머니가 서울에 붙여놓은 벽보였다. 하얀 쌀밥에 쇠고기 장조림을 먹고 푹신한 침대에서 잠을 잤지만, 나는 집에 돌아갈 날만 기다렸다. 남루하고 좁아터지고 고함소리가 가득한 우리 집이 그리워, 밤이면 아무도 몰래 눈물에 젖는 벽보였다. 벽을 등에 지고 엎어지는 한이 있더라도 벽에서 떨어져선 안 되는 게 벽보의 운명이다. 어머니가 나를 '떼러' 올 때까지, 나는 그 때 비교적 착실한 벽보 생활을 했다.

'잘 붙어있어야 한다'는 어머니의 말이 떠오를 때가 있었다. 마음이 심하게 펄럭거리는 날이다. 고등학교 시절 오르지 않는 성적 때문에 그냥 뛰쳐나가고 싶었을 때, 직장 생활이 힘들어 그만

두고 싶었을 때, 남편과 크게 다툰 뒤 어디론가 휑하니 가고 싶었을 때 등등. 어쩌면 어머니의 그 말이 지금까지 나를 지켜온 게 아닌가 싶다.

세상이란 벽에서 떨어지지 않기 위해 안간힘을 쓰고 있는 나도 어쩌면 한 장의 벽보라고 할 수 있다. '나'라는 벽보로 인해 이 세상의 표정이 어두워지거나 한숨이 늘어나지 않기를 바라지만, 내게 드리운 모든 것이 헐값의 운명이란 느낌이 들 때면 슬며시 화가 난다. 내가 화를 내고 애태우는 것은 나의 벽보가 남들 것보다 더 번듯하길 바라서다. 또 내가 등을 대고 있는 벽이 더 따뜻하고 아늑하길 바라는 마음도 있다. 벽은 한때 햇살로 가득했다가, 조금씩 그늘이 지고, 때가 되면 어둠에 묻혀버린다. 이 세상에 온종일 햇살이 비쳐드는 벽이란 원래 없는 법. 그래서 해가 다시 뜰 때까지 벽보는 벽의 냉기를 묵묵히 견뎌내어야 한다.

자신의 벽보 한 장을 제대로 만들기 위해 고심하고, 죽을 때까지 끌어안은 채 고치고 손질하다 가는 게 우리 인생인 것 같다. 이 세상을 떠나는 순간 곧장 떨어지고 말 벽보인데도 말이다. 다들 자신의 벽보에 대한 집착 때문에 다른 이의 벽보에는 따뜻한 눈길 한번 주지 않은 채 허겁지겁 살다 가는 것은 아닌지.

이 세상에 내가 진정 붙이고 싶은 벽보는 무엇인가. 나의 손때가 묻은 벽보 앞에서 나는 '나'를 보려고 애쓴다. 너풀거리는 귀퉁이에는 다시 풀칠을 하고, 찢겨진 부분에는 종이를 덧대어 바르며, 지워진 글씨는 다시 선명하게 써 넣는다. 그래서 벽보 붙이는 밤은 조금도 졸리지 않는다.
 선상船上에서 전화를 걸어온 남편이 대뜸 말한다.
 "어, 요즘은 집에 잘 붙어있네."
 은근슬쩍 내게 풀칠을 하고 있다.

119로 산다는 것

시어머니는 눈을 감은 채 가쁜 숨을 몰아쉬고 있었다. 어머니의 목에서 거친 바람 소리가 새어나왔다. 이승과의 끈을 놓치지 않으려고 쿨럭쿨럭 바람을 토해가며 어머니는 버티고 계셨다.

TV에서 아침 여덟 시 뉴스가 나오고 있었다.

"방금 금강호가 ○○○명의 승객을 싣고 무사히 동해항에 입항했습니다."

나는 어머니의 귀에다 대고 소리쳤다.

"어머니, 아범이 탄 배가 북쪽에서 무사히 돌아왔답니다."

그 순간 어머니의 눈가로 주르륵 눈물이 흘렀고, 어머니는 이내 영면永眠에 드셨다.

분단 50년 만에 대규모 민간교류 사업의 하나로 금강산 관광을 시작하면서 '금강호'가 출항하게 되었다. 남편이 그 배의 첫 선장으로 임명되었다. 어머니는 기뻐하시며 노란 콩고물을 묻힌 인절미를 닷 되나 해서 이웃에 두루 돌리셨고, 동네에는 때 이른 개나리가 피게 되었다.

어머니는 어려운 집안사정을 이유로 당신이 부추겨서 아들을 뱃사람으로 만들었다며 한평생 자책하셨다. TV를 보다가도 바다 모습이 나오면 채널을 돌리셨고, 비바람이 세차게 부는 날이면 우리 집에 전화를 해서 아들의 안부를 확인하셨다. 그래서인지 어머니는 금강호에 관한 일로 아들의 얼굴이 TV 뉴스 시간에 몇 번 나온 것을 두고 무척 감격해 하셨다.

아이들이 어렸을 때의 일이다. 해질 무렵 아이들을 데리고 놀이터에서 놀고 있으면, 다른 아이들의 아빠가 퇴근길에 들러 자기 아이의 이름을 부르며 데려갔다. 아무도 데리러 오지 않는 우리 셋만 덩그렇게 남은 적이 많았다. 어느 바다를 항해하고 있을 그가 더 그리웠다. 초저녁별이 하나 둘 뜨는 걸 보며 나는 두 아이와 함께 '별 삼형제'라는 노래를 자주 불렀다.

    날 저무는 하늘에 별이 삼형제
    반짝반짝 정답게 비추이더니
    웬일인지 별 하나 보이지 않고
    남은 별만 둘이서 눈물 흘리네

누군가 우리 셋을 위해 미리 만들어 놓은 노래 같았다. 이 모든 외로움이 어머니 때문이라고 생각했다. 삶이란 각자의 몫, 자신의 운명을 두고 다른 사람을 원망할 일은 아닌데 말이다.

연분홍빛 실크 수의壽衣를 입은 어머니의 몸을 시자侍子는 다시 노란 삼베로 감싼 뒤 여덟 개의 매듭으로 단단히 묶었다. 어머니의 몸은 새나 물고기와 같은 유선형이 되었다. 유선형의 꿈은 나는 것, 어머니는 이승과 저승 사이를 단숨에 오갈 수 있을 듯 꽤 날렵해 보였다.

어머니는 급한 일이 생길 때마다 달려오는 '119 대원'이었다. 내가 큰 아이를 제왕절개수술로 낳고 젖이 잘 나오지 않는다고 했더니, 어머니는 그 길로 산에 올라가 치성을 드린 뒤 그 물을 페트병에 담아 곧장 병원으로 달려오셨다. 내게 그 물을 먹이고는 내 젖통을 양손으로 쓰다듬으며 부디 젖을 내려달라며 빌고 또 비셨다.

어머니는 돌아가신 뒤에도 간간이 출동하셨다. 큰 아이는 사춘기를 겪으며 나와 갈등이 많았다. 예사로 말대꾸를 하고 불손한 태도를 보이기도 했다. 학교 시험이 다가와도 책을 멀리한 채 빈둥거리기 일쑤였다. 어느 날 밤이었다. 고운 옷을 입고 떠나셨던 어머니가 아주 남루한 차림에다 머리는 다 헝클어진 채 허겁지겁 우리 집으로 들어오셨다. 어머니는 내 앞에서 보란 듯이 아이의 등을 쓰다듬으며,

"이 아이가 얼마나 좋은 아인데"

라고 하시며 아무 걱정하지 말라고 당부하셨다. 눈을 뜨니 꿈이었다.

어머니는 이승과 저승 사이의 강을 건네준다는 사공을 마냥 기다릴 수 없어, 가시덤불 우거진 산길을 달려오셨을 것이다. 한걸음에 달려오느라고 옷은 찢어지고 금비녀는 달아나고 머리카락은 온통 헝클어졌던 것이다. 한평생 자식을 위해 살다 '순직' 하신 어머니가 저승으로부터 119 출동을 하신 것이다. 부모란, 살아서는 자식을 기르고 죽어서는 자식을 지키는 존재라더니 맞는 얘기였다.

주위를 둘러보면 대부분의 여자들이 '119 구조대'와 같은 삶을 사는 것 같다. 아이들로부터, 남편으로부터, 아니면 시댁 또는 친정으로부터 사이렌 소리가 들리지 않는 날이 일 년에 며칠이나 될까. 거리에서 앞만 보며 재빨리 걷고 있는 여자를 보게 되면 아무래도 '출동 중일 것 같은 느낌이 든다.

얼마 전 나는 사진첩에서 어머니의 모습이 들어있는 사진만을 골라내어 따로 앨범을 하나 꾸몄다. 평생 자신만의 것을 가져보지 못한 어머니를 위해 앨범 표지에다 어머니의 이름을 크게 적어드렸다. 그리고 앨범을 운전석 바로 옆자리에 모시고 범어사로 향했다. 푸른 잎이 무성한 올 여름 나무를 어머니에게 보여드리기 위해서였다. 어머니는 왜 유난히 여름 나무를 좋아하셨을까. 쉼 없이 수액을 뽑아 올려 가지와 잎을 키우느라고 하늘 한 번 올려다 볼 새도 없는 여름 나무가 당신과 참 많이 닮았다는 것을 본능적으로 아셨을까.

내 마음의 용량을 초과한 일 앞에서, 결정하기가 힘든 상황에서, 버릴 수 없는 미련과 욕심 앞에서 나는 '어머니라면 이럴 때 어떻게 하실까'라고 생각한다. 모든 면에서 스케일이 크고 삶에 대한 통찰력이 남달랐던 어머니를 닮고자 하나, 갈수록 거리가 더 멀어지고 있다.

  이제는 힘든 일이 있어도 어머니를 재촉해 부르지 않으려 한다. 내 소리를 듣고 가만히 계실 어머니가 아니기 때문이다. 나는 어머니가 그저 '119 명예대원'으로 편히 쉬셨으면 한다.

집을 그리는 여자

4

미얀마선원
그녀는 맏이였다
갑오경장 두 달째
자존심에 대하여
밥
집을 그리는 여자
행복
오십대를 저글링하다
사돈을 기다리는 방
기다린다는 것은

미얀마 선원船員

드라마를 보다가 황당해 질 때가 있다. 극중 인물이 갑자기 쫓기는 신세가 되거나 실의失意에 빠지면 무슨 해결책이나 되는 것처럼 "몇 년 배나 타고 와야겠다."고 말하는 경우다.

평소에 바다를 동경해 온 것도 아니고 그동안 해운 물류 사업에 관심을 가져온 것도 아니면서 느닷없이 배를 타겠다니, 참으로 생뚱맞은 소리다. 배라는 곳은 죄를 짓고 잠시 도피하러 가는 곳이 아니며, 생의 의욕을 잃었을 때 쉬러 가는 곳도 아니다. 가족이란 이름의 안전띠를 매고 매일 바다 위로 번지점프를 하는 사람들이 모여 있는 곳이 바로 배다.

어제 남편이 배에서 보내온 메일이다.

"태풍이 지나간 뒤에 생긴 너울 때문에 열 여섯 시간의 드리프팅(drifting: 엔진을 가동한 채로 선박을 바다에 띄워놓은 것)을 했소. 그리고 막 항해를 시작하려는데 미얀마 출신의 조리수가 주방 바닥에 쓰러져 있다는 연락이 왔소. 달려가 보니 그는 입가에 거품을 문 채 의식을 잃고 쓰러져 있었소. 배는 이미 육지로부터 멀리 와 있는데 말이요. 위성전화로 의사를 연결해 응급조치를 물으니, 일단 링거를 한 병 투여한 뒤 빠른 시간 내에 병원으로 후송하라는 거였소. 스무 명의 선원 중 링거를 놓을 줄 아는 사람이 아무도 없어, 결국 선장인 내가 나섰소. 돋보기로 정맥을 들여다보며 링거 바늘을 꼽는데, 혹시 바늘이 혈관을 관통해 버릴까봐 손이 떨렸다오. 주사 바늘을 몇 번이나 찔렀다 뺐다 하는데도 그의 의식은 돌아오지 않았소. 두 시간 전만해도 생글생글 웃으며 내 앞에 스테이크 접시를 놓아주던 사람이오. 다시 호흡을 가다듬고 손끝에 힘을 주어 바늘을 밀어 넣는 순간, 바늘이 쑥 들어가는 느낌이 왔소. 그리고 수액이 삼분의 일쯤 들어갔을 무렵, 그가 고맙게도 눈을 뜨며 의식을 찾았다오. 배 안에 몰아친 태풍은 이제 무사히 지나간 것 같소."

미얀마는 1983년 아웅산 묘소 폭발 사건이 있었던 나라, '버마'의 새로운 국명이다. 근래에는 대학을 졸업해도 일자리가 없어 그 나라의 많은 젊은이들이 선원으로 해외 취업에 나선다고 한다. 법대法大 졸업생이 우리나라에 오면 선실 바닥을 닦고 녹슨 선체에 페인트칠을 하며, 상대商大 졸업생들은 배의 밧줄을 정리

하거나 주방에서 설거지를 한다는 것이다.

남편이 타고 있는 배에 갔을 때, 그들이 선내 휴게실에 모여 기타 반주에 맞추어 미얀마 노래 부르는 걸 들었다. 외로움을 이겨 보려는 듯 그들은 한껏 목청을 돋우고 있었다. 오글오글 모여 있는 그들의 작업화를 보는 순간, 나는 목이 메었다. 그 작업화들이 푸른 바다 위에 애써 내고 있는 길이 보이는 듯해서다. 그것은 '집으로 돌아가는 길'이었다.

종이를 구겨서 휴지통에 집어넣고 돌아서는데 무슨 소리가 들려 살펴보니, 구겨진 종이가 제 몸을 펴느라고 '바지락 바지락' 소리를 내고 있었다. 종이 한 장도 원래의 모습, 원래의 제 자리로 돌아가고 싶어 그렇게 몸을 가누는데, 가족을 두고 떠나온 선원들의 마음이야 오죽하랴.

긴 승선을 마치고 집으로 돌아가기 전날 밤, 선원들은 대개 잠을 이루지 못한다고 한다. 가족에게 줄 선물을 선실 바닥에 죽 늘어놓고 선물 포장 끈을 다시 묶거나 새로 포장을 하며, 가방에다 선물을 차곡차곡 챙겨 넣으면서 거의 뜬 눈으로 지샌다고 한다. 비非 정규직 남편에서 다시 정규직 남편으로 돌아가는 날을 그들은 그렇게 맞이하는 것이다.

미얀마선원들을 위해 뭔가 해주고 싶었다. 그들이 떡을 좋아한다고 해서 배가 입항할 때마다 몇 가지 떡을 해갔다. 배 위에서 당직을 서고 있다가도 내 모습이 보인다 싶으면 그들은 즉시 내려와 내 짐을 받아 들며 누이처럼 반겼다. 심근 경색증 증세가 보인다는 의사의 판정 때문에 선원 생활을 그만 두고 돌아가야 할 처지가 된 어느 미얀마 선원이 흘리던 눈물을 잊을 수 없다. 추운 겨울날 갑판 위에서 순찰을 돌고 있는 미얀마 선원에게 다가가 기름때 묻은 그의 손에다 종이에 싼 팥빵 두 개를 쥐어주던 남편의 모습도 잊을 수 없다. 그들은 세상의 오지奧地에서 만나 서로를 젖은 눈으로 바라보며 서로를 보듬고 있었다. 세상 사람들이 여우같은 영악함으로 단련되어가고 있을 때 그들은 곰 같은 순박함으로 되돌아가고 있었다.

어느 날부턴가 남편이 왠지 미얀마 선원을 닮았다는 생각이 들었다. 가져간 떡을 보고 아이처럼 좋아하는 모습이라든지, 승선 수당으로 받은 달러를 돌아앉아서 세고 또 세는 모습이라든지, 그리고 출항하는 배 위에서 나를 향해 양 손을 흔드는 모습까지 닮아 있었다. 선원들은 서로를 등대삼아 외롭고 고단한 승선 생활을 헤쳐 나간다. 그러니 서로 닮을 수밖에 없는 모양이다.

그들의 망향가望鄕歌가 선내에 울려 퍼지던 그 날, 배는 한 마리 순한 고래가 되어 조용히 바다를 헤엄쳐갔다. 들려오는 노래 소리에 한 번씩 고개를 끄덕이기도 하면서.

그녀는 맏이였다

한 해 신수를 보러 갔다. 차례를 기다리는 동안 다른 사람의 운세까지 듣게 되는 철학관이었다. 당신은 올해 몸이 부서지지 않으면 큰 돈을 잃을 운세이니 매사에 조심하라는 역술인의 말에 여인은 한숨을 푹 내쉬었다. 남의 일이 아니라는 듯 모두 긴장하는 표정이 되었다.

다음 사람이 자리에 앉았다. 그 사람에게는, 자식이 곧 취직할 것이며 올 한 해는 집에 돈이 자루째 들어올 운세라고 했다. 여기저기서 "아이구, 좋것네." 하는 소리가 들려 왔다. 나는 어떤 말을 듣게 될까. 내 순서가 다가오는 게 두려웠다.

유난히 시선을 끄는 한 여인이 있었다. 서른 대여섯 살쯤 되었을까. 자기 가족의 신수 대신에 친정 동생들의 운세를 묻고 있다. 큰 동생은 올해 돈벌이는커녕 수중에서 돈 나가는 일밖에 없다고 하자, 그녀의 표정이 어두워졌다. 둘째 동생의 운세를 뽑아 보며 역술인이 두어 번 고개를 가로젓자 그녀의 눈에는 어느새 눈물이 그렁그렁했다. 그녀는 떨리는 목소리로 막내 동생의 대학 입시 운은 어떠냐고 물었다.

얼어서 벌겋게 된 양쪽 볼, 그리고 파카잠바의 등 언저리에 붙어 있는 생선 비늘과 지느러미 조각이 그녀의 삶을 짐작게 했다. 그녀는 세 동생에게 나눠 줄 액막이 부적을 써 달라고 간청했다. 그리고 윗옷 안쪽을 한참 헤집더니 뭔가 한 주먹 꺼내 놓았다. 트고 갈라진 그녀의 손등 아래서 쏟아져 나온 것은 만 원짜리 지폐로 접은 작은 딱지였다. 네 귀가 맞물려 돌아가는 정사각형 모양의 딱지는 서로를 감싸 안은 그들 사 남매를 연상하게 했다.

그녀를 보며 나는 이십여 년 전, 시골 어느 중학교에서 교사로 근무하던 때를 떠올렸다. 그 무렵 내 마음속에는 가족에 대한 그리움이 반, 걱정이 반이었다. 엄지손가락이 베이면 혹시 어머니가 편찮으신가 싶었고, 배구를 하다가 새끼손가락을 삐는 날에는 막내 동생이 걱정되기도 했다. 아버지가 돌아가신 자리에 이내 가난이 제자리인 듯 들어서고 있을 때였다. 우리 가족이 다른 가족만큼 먹을 수 있고 따뜻한 방에서 잠들 수 있다면 더 바랄 게 없다고 생각하면서 나는 최대한 절약했다.

그러나 삶은 그리 녹록한 게 아니었다. 고개 하나를 겨우 넘었다 싶으면 또 다시 호랑이 한 마리가 나타나 우리 가족을 넘보았다. '팔 하나 주면 안 잡아먹지' 하면서. 그럴수록 오기가 생겼다.

'그래 덤벼 봐라, 나는 이제 더 이상 잃을 게 없다' 하며 고개를 더 빳빳이 들었다. 연년생인 언니가 있었지만, 동생이 넷이나 되는 나는 호랑이도 쫓아버릴 수 있는 맏이 노릇을 해야 했다.

기쁨보다는 슬픔 앞에서 더 큰 자력磁力을 지니는 게 가족이다. 여동생이 집안 형편 때문에 대학을 포기하겠노라고 스스로 말해 놓고도 이불을 들썩이며 울었을 때, 군에서 휴가 나온 남동생이 맨손으로 귀대할 수밖에 없어 고참에게 맞았다는 걸 알았을 때, 나는 내 동생들을 더 세차게 끌어안았다. 잠든 동생들의 신발을 가지런히 챙겨 놓으며 이 신발들이 다시는 젖지 않도록 하겠다고 다짐했다. 무슨 일이 있더라도 동생들 앞에서는 불안해하지 말 것, 눈물을 보이지 말 것, 돈 걱정을 하지 말자고 결심했다.

명절이나 아버지 제삿날 한자리에 모이면, 우리 친정 식구들은 그 시절 얘기를 나누며 웃기도 하고 눈물을 찍어내기도 한다. 추억거리를 많게 해주려고 신神은 우리 가족에게 그런 굽이진 길을 걸어오게 하셨을까. 이젠 제 삶의 터전에서 성실한 손발과 정직한 가슴으로 살아가고 있는 동생들이 그저 고마울 따름이다.

부모님이 살아 계시든 아니든, 맏이에게는 정년퇴직도 명예퇴직도 없다. 부모에게는 효를 다하고 동생에게는 반#부모가 되어 우애와 자애를 보이며 묵묵히 맏이의 길을 갈 뿐이다. 맏이는 스펀지와도 같다. 궂은일이나 좋은 일이나 다 받아들여 머금고 있다가, 내놓을 때는 또 아낌없이 내어놓는다. 동생들과 힘없는 부모님을 위해 양팔 다 떼 내어 주고 두 다리마저 내어 주고, 맏이들은 겨우 남은 몸통 하나로 이 세상을 살아간다.
   동생들을 위해 돈으로 딱지를 접어 모았던 여인, 그녀는 진정 아름다운 맏이였다.

갑오경장 두 달째

 물 한 모금도 입에 넣으면 안 된다고 한다. 내일 예약되어 있는 건강종합검진을 위해 저녁 9시 이후로는 절대 금식이다. 얼음 두어 개 띄운 보리차 생각이 더욱 간절하다.
 승선 열 달 만에 돌아온 남편은 오랜만에 점검할 게 많다며 분주한 시간을 보냈다. 맨 먼저 자식 농사의 올해 작황이 어떤지 살피는 눈치였다. 아이들 방에 들어가 한참동안 아이와 이야기를 나누는가 하면, 아이들이 읽다가 둔 책을 뒤적거리기도 하고 아이들 옷장 문을 열어보기도 했다. 마치 들에 서서 자신의 논마지기를 둘러보는 농부처럼 보였다. 그리고는 곳간의 쌀가마니 숫자가 궁금했던지 내게 우리 집의 경제 상황을 브리핑briefing하라고도 했다. 하기야 등기부등본 상 이 집의 주인이고, 내 아이들의 생부生父인 동시에 나에 대한 일차관리자이니 이 모두가 당연하다 하겠다.

 이번엔 내 얼굴을 가만히 들여다보더니 얼굴이 왜 이 모양이냐고 했다. 누렇게 떳다고 했다. 내가 뭐 메준가, 누렇게 뜨게. 나의 경쟁력이 요즘 들어 더욱 형편없어진 건 알지만 기분이 나빴다.

 내일이면 나는 그의 손에 이끌려 종합검진을 받으러 가게 되어 있다. 의사는 내시경이란 기계로 나의 위胃를 들여다보고, 나의 간과 허파에 초음파기계를 들이대며 사진을 찍을 것이다. 밥하고 빨래하는 데 있어 나의 팔 다리가 아직은 쓸 만한지, 아이 둘을 길러낸 자궁의 상태는 어떤지 요리조리 다 살펴본 다음, 나의 주인에게 본 대로 느낀 대로 귀뜸할 것이다.

 "아직은 더 쓰셔도 되겠습니다." 아니면 "요새는 이런 것 안 씁니다. 웬만하면 신형으로 바꾸시지요."

 어느 쪽이 될지는 내일이 되어봐야 안다.

 남편은 바다 위에서 모진 바람과 더불어 살아온 사람이다. 그래서 내게 올 때도 바람처럼 온다. 산들바람처럼 살며시 왔다가는 동지섣달 바람같이 휑하니 떠나간다. 그런데 그가 이번에 몰고 온 바람은 심상치 않았다.

 그 날 낮의 메뉴는 삼겹살 구이로 순전히 내 식성에 따른 것이었다. 손바닥에 깻잎 한 장을 사뿐히 올리고 그 위에 노릇노릇하게 구운 삼겹살 한 점과 저민 마늘 한 쪽, 파절이를 얹어 싸먹을 때의 그 맛이란, 음식이 아니라 돼지가 이 세상에 남기고 간 '아트'art다. 남편은 시큰둥한 표정으로 다른 반찬만 집어먹었다. 잘 익은 삼겹살을 골라 가위로 숭덩숭덩 자르고 있는데 그가 느닷없이 말했다, 내일부터는 식탁 메뉴를 채식 위주로 바꾸라고. 단호한 말투였다.

"왜요?"

말이 곱게 나오지 않았다.

인간이 분비하는 소화액의 산도酸度는 육식동물의 십분의 일밖에 되지 않거니와, 인간의 장腸은 육식동물의 그것보다 세 배나 길기 때문에, 우리가 육식을 하게 되면 적어도 이틀간은 반쯤 부패된 음식을 장腸에 담고 있는 거라고 그는 설명했다.

그가 몰고 온 바람이 차츰 더 거세어졌다. 남편은 아침 6시에 온 식구를 깨워서 시민공원으로 줄줄이 끌고 나갔다. 4Km정도는 뛰어야 한다며 뒤에서 돼지몰이를 해댔다. 그뿐만이 아니다. 나에게 이 집 주방에서 쫓겨나지 않으려면, 커피 대신에 녹차를, 육류 대신에 생선을, 그리고 쌀밥 대신 잡곡밥을 식탁에 올리라고 명령했다.

조선개국이래 오백 년 동안이나 이어온 구제도를 근대적으로 과감히 바꾸어 놓은 갑오경장. 양반과 상놈으로 나뉘던 반상班常계급이 타파되고 고문과 연좌제가 폐지되는 등, 정치 경제 사회 각 분야에 걸쳐 일대 개혁이 이루어진 그 갑오경장이 떠올랐다. 우리 집에도 그런 갑오경장이 시작되고 있다는 느낌이 들었다. 남편은 어물쩍 물러날 사람이 아니다. 달리 갈 데도 없는 나는 그냥 이 집 주방에 눌러앉을 수밖에 없었다.

식탁 위에 불었던 바람이 집안 전체로 퍼져갔다. 일요일 저녁마다 가족회의를 했다. 남편은 나에게 회의록을 적으라고 했다. 무엇이 문제인지, 어떤 것이 지켜지지 않는지 가족 모두가 느끼고 반성하려면 기록을 해야 한다고 했다. 제각기 가슴에 접어두었던 불만이나 불편함, 희망사항 등을 솔직하게 털어놓으라고 했다. 엄마의 말씀이 명령조라든지, 너무 모범생의 틀에 짜 맞추려 한다든지 하는 얘기는 나와 관련이 있었고, 가족 여행을 가본 지 너무 오래 되었다는 얘기에는 모두가 공감했다. 저희들의 의견을 엄마 아버지가 수시로 묵살하더라는 얘기에는 가슴이 뜨끔했다.

　낡은 운동화가 편하다며 다 떨어질 때까지 신고 다니는 것처럼, 우리는 작은 습관 하나도 바꾸기 싫어한다. 그런 타성을 일깨우는 것이 '어느 날 문득 불어온 바람'이리라. 날개를 편 채 공기의 흐름에 따라 가만히 떠있는 잠자리처럼, 활공滑空의 상태로 바람을 타는 것도 괜찮을 것 같았다. 바람을 받아들이기로 마음먹었다.

　남편은 축 쳐진 빨랫줄도 새로 매어주었다. 빨랫줄은 다시 팽팽해졌다. 내 삶도 저런 탄력을 되찾아야 한다는 생각과 함께, 내 삶을 한번 뒤집어 볼 때가 되었다는 생각이 들었다. 어디서부터 바로 잡아야 할까. 가파른 성격, 버리지 못하는 물욕物慾, 순수함을 잃어버린 마음 등, 안 걸리는 게 없다.

　내 속에도 갑오경장이 일어나려는 걸까.

자존심에 대하여

 지난 2년간 뉴욕에서 일해 온 '알 두리' 이라크 대사는 '알 아라비아 방송'과 인터뷰를 하며, 지금 바그다드에서 약탈과 방화를 자행하고 있는 사람들이 이라크 국민이라는 게 도저히 믿기지 않는다고 했다. 패전에 대한 슬픔보다, 한순간에 무너져 내린 문화 민족으로서의 자존심 상실이 더 가슴 아프다며 그는 눈물을 흘렸다.
 자.존.심
 방을 닦으며 설거지를 하며 또 꽃에 물을 주면서 내내 그 낱말에 붙들려 있었다. 아주 오래된 기억 하나가 가슴 밑바닥으로부터 슬며시 떠올랐다.
 초등학교 5학년 때의 일이다. 선생님께서 곧 교육청 모의고사가 있을 거니까 미리 공부를 해놓으라고 하셨다. 공부방이 별도로 없는 아이들은 이럴 때 난감하다. 휴지를 뭉쳐 양쪽 귀를 틀어막고 방 한구석에서 공부를 하다보면, 장난치던 동생들이 책 위로 쏟아져 들어오기 일쑤였다. 그 때 친구가 나에게 자기 집에 와서 같이 모의고사 준비를 하자고 했다. 그 친구네 집은 우리 동네에서 가장 큰 집이었다. 집 뒤로 아주 넓은 농장이 딸려 있었고, 집안에 목욕탕 시설까지 있었으며, 그 친구의 공부방은 우리 집 안방보다 훨씬 넓고 깨끗했다. 친구의 어머니가 살며시 들여놓아 주는 과일도 상큼했다. 나는 친구에게 산수 문제를 설명해 주고, 암기과목의 중요한 부분에 빨간 밑줄도 그어주었다.

밤 열두 시가 다 되어 집으로 돌아오려는데 친구 어머니가 플라스틱 양동이를 하나 내미셨다. 잘 익은 토마토가 가득 들어있었다.

"니네 집은 아이들이 많아서 참… 이거 가져가거라."

하셨다. 부잣집 마님 특유의 어조였다. "우리 농장에서 딴 것인데 제법 맛이 들었더라."고 했더라면 고맙다는 인사와 함께 들고 왔을 것이다. "아이들이 많아서 참…", 그 말은 우리 집을 없는 살림에 아이만 많은 흥부네로 보고 있는 느낌을 주었다.

"우리 집에도 토마토가 많이 있어요."

라고 말하고는 그냥 와 버렸다.

자존심이란 사람만의 장르는 아닌 듯하다. 굵은 빗방울이 막 떨어지기 시작할 때 확 피어오르는 흙냄새는, 느닷없는 비의 공세에 놀란 흙바닥의 자존심 섞인 반격이다. 강가의 모래톱이 아무리 아늑해 보여도 강물은 거기 기대어 쉬지 않는다. 흐르지 않으면 강물이 아니라면서 모래톱을 한번 쓸어보고는 그냥 흘러간다.

아래층 집의 강아지도 그랬다. 데려온 날 밤 밤새 울더라고 했다. 그 뒷날 내가 들여다 보러갔을 때 강아지는 두 눈이 퉁퉁 부어 겨우 앞을 볼 수 있을 정도였다. 저를 떠나보낸 어미에 대한 원망과 낯선 곳 낯선 이들에 대한 두려움 때문인지, 우유에다 생선살을 비벼주어도 거들떠보지 않았다. 앞발을 제 가슴팍에 딱 붙이고는 꼼짝도 하지 않았다. 그것은 마치 '먹는 게 뭐 그리 중요하답디까?' 하는 몸짓으로 보였다.

아이들을 가르치는 일을 하는 나는 처음 만나는 아이에게 맨 먼저 "자존심 있는 사람이 되어라."고 말한다. 자존심이란 사람의 뼈대와 같은 것, 튼튼한 뼈대 위에 공부라는 살을 붙여야 쉽게 허물어 내리지 않을 것 같았다.

자존심에는 신기한 '지렛대 효과'도 들어있다. 학습목표를 정해 놓은 뒤 아이의 의식意識 한 편에 자존심을 살짝 끼워놓으면, 아이는 아무리 공부 보따리가 무거워도 번쩍번쩍 들어 올린다. 결과에 놀라는 이는 나보다 아이 본인이다. 그 때 아이에게 생긴 자부심과 자존심은 순수 자연산이라서 그런지 한결 단단하다.

자존심이 너무 강한 사람은 어떤 일로 자신이 상처를 입을까봐 두려워하고, 또 그런 상처를 쉽게 극복하지 못하는 경향이 있다. 자존심을 내세운 채 오만 방자해기도 하고 독선적으로 일을 처리

하며, 현재의 실패를 숨기려는 경향도 눈에 띈다. 내적 성숙을 갖추지 못한 채 번지르르한 외적 조건만 내세우는 '공갈빵' 스타일도 종종 있는데, 그것은 자존심이 아니라 허세일 뿐이다. 산삼은 오래된 것일수록 나쁜 기운이 사라지고 좋은 기운만 품고 있다고 한다. 자존심 속에 섞여 있는 나쁜 기운을 덜어내려면 어떻게 해야 할까. 먼저 마음을 맑게 가라앉히고 그 위로 떠오르는 허세와 거드름과 아집을 걷어낼 필요가 있다고 생각한다.

자존심이 강한 사람과 고집이 센 사람을 이라크의 모래폭풍 속에 세워놓을 때 누가 먼저 쓰러질까. 아마 고집 센 사람이 먼저 쓰러질 것이다. 자존심은 옹기처럼 외부와 내부의 공기 소통이 잘 이루어지는데 비해, 고집은 그런 소통이 이루어지지 않기 때문이다. 또한 자존심의 진정한 의미를 알고 있는 사람은 자신의 비토veto세력을 위한 의자도 미리 준비한다. 다른 사람의 자존심을 살려줄 때 자신의 자존심도 더불어 살아난다는 걸 알기 때문이다.

지금껏 나는 상대방과의 기氣싸움에서 이기려면 나의 자존심을 더 뾰쪽하게 벼려두어야 한다고 생각했다. 그런데 자존심의 진정한 의미를 아는 사람은 그렇지 않았다. 함부로 자존심을 들먹이지 않았으며 다른 이의 자존심을 먼저 헤아렸다. 그리고 상황에 따라서는 자신의 자존심을 깨끗이 접을 줄도 알았다.

자존심을 꽉 붙들고 살아도 하루가 가고, 자존심을 버리고 살아도 하루가 간다. 어느 것이 더 잘 사는 건지 애매모호해질 때도 가끔 있다. 그것은 우리의 삶 자체가 '뫼비우스의 띠' 위를 걷는 것과 비슷하기 때문이리라.

  자존심이 무엇이냐고 나에게 다시 묻는다. 자존심이란 허방을 디디지 않게 우리 발아래를 비춰주는 불빛 같은 게 아닐까. 어느새 나의 눈길은 내 발밑을 살피고 있다.

밥

　우리 집 식구들은 사방에 솥을 걸어두고 산다. 선장인 남편은 바다 위에, 기숙사 생활을 하는 아들은 학교 식당에, 딸과 나는 도심 한 복판에 있는 아파트 11층에다 솥을 걸어놓고 있다.

　가족끼리 한솥밥을 먹는 그 당연한 일이 나에게는 참 부러운 일이다. 집을 떠나있는 우리 집 두 남자는 입맛에 관계없이 정해진 식단대로, 담아 주는 대로 먹어야 한다. 닭장에 갇힌 채 뿌려주는 사료나 착실히 먹고 매일 한 개씩 알을 낳아야 하는 양계장의 닭들과 크게 다르지 않다.

　객지에 나가 언제 돌아올 지도 모르는 아들을 위해 늘 부뚜막에 밥 한 그릇 떠놓고 기다리던 어머니의 정이 내 몸에도 흐르고 있는 걸까. 떨어져 지내는 동안 전화를 하게 되면 맨 먼저 "밥은?" 하고 묻게 된다. 어쩌면 밥이란 모성母性의 한 형상인지도 모르겠다.

예나 지금이나 "밥 잡쉈능교?"로 시작하는 우리네 인사법이 은근하고 다정하다. 그 말의 온기가 가슴을 데운다. 그렇게 데워진 가슴에 정을 담는다면 금세 식지도 않을 것 같다. 남편이 잘 쓰는 인사말 중의 하나가 "언제 우리 집에 와서 밥 한번 같이 먹읍시다."이다. 종종 예고도 없이 손님을 모셔 와서는 있는 그대로 상을 차려오라고 한다. 미리 말하면 오히려 상차리기가 부담스러울 거라고 하지만 당황스러울 때가 많다. 그럴 때는 느닷없이 들이닥친 독립군 남편의 아내가 된 것 같다.

남편은 손님의 젓가락이 자주 가는 찬그릇을 그의 앞에 놓아주고, 국이 식으면 얼른 뜨거운 국물로 바꿔 드리라고 한다. 조촐한 밥상에 어느새 정이 넘친다. 옛날에는 대갓집의 행랑채에 맞아들였던 식객의 숫자로 그 집안의 덕망과 가세를 짐작했다고 한다. 밥을 나눠 먹는다는 것은 덕을 쌓고 인정을 베푸는 일이라고 여겼던 것이다.

어머니는 아버지가 돌아가신 뒤로 한동안 밥을 풀 때마다 우셨다. 아버지가 쓰던 놋주발을 쓰다듬으며 소리 죽여 우셨다. 우리는 어머니의 눈물 섞인 밥을 말없이 먹으며, 앞으로 어느 누구도 어머니의 속을 썩여선 안 된다고 다짐했다. 어머니는 단순히 아버지에 대한 회상에 젖어 운 게 아니었을 것이다. 밥상을 마주하고 앉을 남편을 잃었다는 상실감과 아버지의 밥그릇 속에 담긴 당신의 쓸쓸함을 보았기 때문이 아니었을까 싶다.

뜨겁게 달구어진 솥 안에서 겨우 두 공기 정도의 밥이 익어가고 있다. 그 때문에 밥솥은 더 열 받는 것 같다. 그런 밥솥에 상관없이 압력밥솥의 꼭지는 언제나 치직치직 소리를 내며 신바람 나게 돌아간다. 이렇게 씩씩하게 살아보라는 듯이. 나도 일 년에 두 달쯤은 밥솥의 맨 위 눈금까지 밥을 짓는다. 그 때 밥솥은 김이 새어나오는 소리가 다르다. 묵직하면서도 힘찬 소리다. 남편과 아들의 귀향을 제일 먼저 알아차린 밥솥은 활기찬 모습으로 부엌에서 대장 노릇을 한다.

  남편이 내게 따뜻함을 느꼈던 기억은 중국 음식점에 갔을 때의 일이라 한다. 짜장면이 나올 동안 내가 나무젓가락 두 짝을 떼어내더니 아주 정성껏 비벼 털어서 건네주더라는 것이다. 그런 내가 이제는 변해서 남편이 목에 생선가시가 걸린 것 같다고 해도, "조금 있으면 넘어간다."며 자기 밥 먹기에 급급하니 서운하다고 했다. 나는 그 말을 들으며 반성은 뒤로 한 채, 얼마 전에 있었던 남북 이산가족의 상봉을 떠올렸다.

  육십이 다 된 아들이 쌈을 싸서 팔순 노모의 입에 넣어주고 있었다.

  "오십년 전에는 어머니가 쌈을 싸서 내 입을 넣어주셨는데, 이제는 내가 드리고 있다."

  고 말하며 덧없이 흘러가 버린 분단의 세월을 한탄했다. 갈비살을 잘라 노모의 밥 위에 얹어주며 "한 숟가락 더!"를 반복하는 모습을 보며, '밥이 그들에게 가족 본래의 모습을 되찾아주고 있다는 생각이 들었다.

일주일 만에 남편이 배에서 전화를 했다. 나는 또 촌스럽게 "밥은 어때요?"라고 물었다. "잘 먹고 있으니 그런 걱정은 마시오."라고 답한다. 마음이 놓인다. 그의 전화가 내 마음을 달래주는 밥이 되었다.

 베란다 끝을 비추던 햇살이 어느새 이만치 들어와 내 어깨에 머문다.

집을 그리는 여자

남편은 다른 이에게 나를 소개할 때 꼭 "제 집사람입니다"라고 한다. 나는 그 말을 좋아한다. 그 말이 주는 느낌이 좋다. 집사람이라는 말에는 집을 잘 지켜 주리라는 믿음과 잘 지켜줘서 고맙다는 감사가 들어있는 듯하다. 또 집사람 하면 내 집처럼 편하게 느껴지는 사람이라는 의미도 들어있을 것 같다. 아내라는 말이 경쾌하고 단순한 느낌을 준다면, 집사람이라는 말은 은근하면서도 진중한 느낌을 준다.

이케지와 나쓰키가 쓴 《수목론》에는, 인간이 혈거생활로 들어가기 전에는 나무가 인간에게 최초의 성채였다고 적혀 있다. 나무 밑에 섰을 때의 포근한 느낌을 잊을 수 없어 인간은 마침내 집을 짓게 되었다는 것이다. 집이란 태생적으로 포근한 느낌을 기본으로 한다는 얘기다. 이 세상에 내 집만큼 편한 곳이 없다는 말도 같은 의미이겠다.

집을 이루고 있는 철근 골조와 벽돌, 시멘트를 아무리 좋은 것으로 썼다 해도, 또 멋진 가구와 최고급 장식재로 인테리어를 했다고 해도, 집의 표정은 그 집에 살고 있는 사람에게서 나오는 것 같다. 집과 사람이 잘 어울린다 싶을 때 그 집의 표정이 가장 자연스러웠던 것으로 기억된다.

만약 집을 내려다보며 X-ray 사진을 찍는다면 무엇이 찍혀 나올까. 돈도 명예도 사회적 지위도 아닐 것이다. 그 집에 살고 있는 사람들의 가치관이나 인생관, 그리고 집을 잘 지키려는 의지가 집의 뼈대로 선명하게 드러나지 않을까. 남자가 방탕한 생활을 하고 있는 동안에라도 아내가 집을 잘 지키고 있으면 집의 지붕이 날아가지 않지만, 그 반대의 경우라면 집은 이내 풍비박산이 나고 만다. 이런 걸 보면 집을 누르고 앉아 있는 힘은 아내 쪽이 훨씬 세다고 할 수 있다.

집의 안주인이란 그저 집 안에 들어앉아 있는 주인이 아니라, 가족들이 마음 편히 쉴 수 있도록 도와주는 사람이 아닐까. 만일 가족이 서로에게 또 다른 아늑한 집이 되어준다면 얼마나 좋을까. 어느 무덤 앞에서 한 남자가 꺼이꺼이 목을 놓아 울고 있었다. 왜 일찍 죽어서 이토록 나를 힘들게 하느냐고 하면서. 지나가던 사람이 딱하게 여겨서 물었다, 아내의 무덤이냐고. 남자는 고개를 가로저으며 대답했다, 지금 아내의 전前 남편 무덤이라고. 그는 분명 아내에게 지칠 대로 지친 남편일 것이다. 걷잡을 수 없는 아내의 물욕物慾은 남편을 피폐하게 만든다. 집이 만일 돈을 더 내놓으라고 비틀어대는 형틀에 불과하다면 누가 집에 들어가고 싶을까.

이 이야기를 들으니 나도 마음에 걸리는 부분이 있다. 아침부터 한바탕 설전舌戰을 벌인 날, 저녁에 돌아온 남편은 현관에 들어서면서부터 내 눈치를 살핀다. 일차 관문을 무사히 통과했다 싶으면 양말을 벗어 얌전히 빨랫감 통에 갖다 넣는다. 그런 날 나는 가느다란 눈을 더 내려 깔고 그를 투명인간 취급한다. 이럴 때 우리 집은 포근한 느낌은커녕 언제 시비가 벌어질지 모르는 '도시의 뒷골목' 분위기다. 그런데, 이런 무소불위無所不爲의 권력을 휘둘러서 나는 도대체 무엇을 얻으려는 걸까.

쓸쓸함이 감기처럼 찾아들 때, 선상에 있는 남편은 두고 온 집을 그리워할 것이다. 두 아이가 재잘거리는 소리, 아침이면 분홍색 나팔꽃이 피어나는 베란다, 감자 익는 냄새와 비 오는 날의 부추전 냄새, 아마 이런 것들을 떠올리지 않을까 싶다. 이런저런 기억을 많이 떠올리게 하는 집일수록 좋은 집이 아닐까. 또 좋은 집이란 사람의 삶이 면면히 배어들고 삶의 멍울이 쉽게 삭으며, 소박한 일상의 향기를 오래오래 품고 있는 집이 아닐는지.

집을 떠나있는 그에게 나는 이 집의 사소한 변화까지 말로 그려준다. 오늘은 나팔꽃이 몇 송이 피었는지, 아이들 방 창문의 방충망이 얼마만큼 찢어졌는지, 거실 소파를 어느 쪽으로 돌려놓았는지를. 오랜만에 돌아온 남편이 집을 낯설어하지 않도록 하기 위해서다. 그래서 우리가 나누는 전화 속에는 늘 도화지 한 장이 펼쳐져 있다.

행 복

　산동네에 살고 있는 어느 소녀 가장이 TV 토크쇼에 초대되었다. 이야기 중에 소녀는 자신도 남들처럼 한 번 행복해 봤으면 좋겠다고 했다. 어떻게 하면 행복해 질 수 있겠느냐고 사회자가 진지하게 물었다.
　소녀는 잠시 머뭇거리더니, 동생과 함께 어린이대공원에 가서 아이스크림을 사먹고, 친구들이 말하는 '바이킹'이란 놀이기구를 탄다면 행복해 질 것 같다고 했다.
　소녀의 대답을 들은 사회자는 자신이 그 비용을 댈 테니 얼마면 되겠느냐고 다시 물었다. 의외의 제안에 소녀는 잠깐 생각에 잠겼다. 그리고 조심스럽게 6,750원이라고 했다. 대공원까지 가는 버스비와 입장료, 아이스크림 값, 바이킹 요금을 다 합했다고 하면서. 사회자의 눈시울이 붉어졌고 TV를 보고 있던 나도 목젖이 뜨거워졌다. 행복으로 가는데 6,750원만 있으면 된다는 그 소녀는 그런 말을 한 게 쑥스러운지 계속 제 치맛자락을 만지작거렸다.

짜장면 한 그릇으로도 행복했던 적이 있다. 육 남매 중 어느 누구의 생일이라든지 누군가 우등상장을 받아온 날에는 우리들에게 한 그릇씩 짜장면이 돌아왔다. 비벼서 먹는데 일분도 안 걸리던 그 짜장면은 70원짜리 행복이었다. 짜장면을 받아들고 죽 둘러앉아 있으면 갑자기 우리 집이 부자가 된 것 같았다. 우리들 입가에 묻은 짜장을 보며 웃던 어머니도 그날만큼은 행복해 보였다. 그래서인지 요즘도 나는 짜장면 냄새를 맡으면 행복해진다. 어쩌면 신神은 원래부터 행복의 단가를 이렇게 낮게 책정해 두었던 게 아닐까.

처음으로 아파트를 사서 이사했을 때, 나는 이제야말로 행복을 내 손에 꽉 잡았다고 생각했다. 그런데 행복은 내 손아귀에서 슬그머니 빠져 나와 저 건너편으로 폴짝 뛰어가 버렸다. 일요일 아침마다 가족을 태우고 줄줄이 아파트 마당을 빠져나가는 자가용 때문이었다. 행복은 어느새 반들반들 윤이 나는 자가용의 모습을 하고 있었다.

생각해 보면 그것은 행복 찾기가 아니라 욕심 따라잡기였다. '상대적 빈곤감'은 영혼을 지치게 할 뿐 한 줌의 행복도 허락해주지 않는다는 사실을 그 때는 몰랐다. 욕심이란 제 마음속에 스스로 돌을 던져 넣는 것이다. 마음의 수면이 일렁이고 파문이 이는 동안에는 삶의 아름다운 풍경을 마음에 담을 수가 없다.

늦은 밤 현관문을 확인하면서 나란히 놓인 가족들의 신발을 내려다본다. 남편의 구두와 아이들의 운동화, 그리고 내 슬리퍼가 귀를 맞대고 서로의 얘기를 듣고 있는 듯하다.

행복이란 이렇게 다들 무사히 들어와 제자리에 있는 게 아닐까.

오십 대를 저글링[1] juggling 하다

'KBS 전국노래자랑'은 남편과 내가 즐겨보는 TV 프로그램이다. 출연자의 노래가 시작되면 화면 아래에는 그 사람의 이름과 나이, 그리고 직업이 간략히 소개된다. 남편은 자기 또래의 사내가 나오면 무슨 놀라운 걸 발견했다는 듯 나에게 묻곤 한다.

"나도 저 사람만큼 늙어 보이나?"

그의 목소리가 무겁다. 나는 얼른, 그 정도는 아니라고 해준다. 그의 눈가에 잡힌 오단 장식 주름과 입가에 패인 팔자주름, 그리고 이마를 박차고 올라간 M자형 탈모를 보면서도 대답은 그렇게 한다.

* 주) 저글링… 공 같은 물건을 세 개 이상 들고 공중으로 던져가며 다양한 묘기를 보이는 것

얼굴에 마음이 쓰이는 건 나도 마찬가지다. 어느새 증명사진을 찍는 게 부담스럽다. 사진으로 보는 내 얼굴이 아무리 봐도 낯설다. 내가 아닌 것 같다고, 사진이 잘못 나왔다고 투덜대면, 사진은 나에게 '이보다 더 확실하게 당신을 증명할 사진은 없다'고 딱 잘라 말한다.

우리 부부의 나이를 합하여 백 살을 넘긴 지도 한참 되었다. 서서히 '발광 다이오드형'으로 변해가는 중이다. 전류를 흘리면 빛은 내지만 쉽게 뜨거워지지 않는다는 의미다. 불을 끄고 누워서 주로 생각하는 게, '아이들 결혼시키고 늙어서 먹고 살려면 돈이 얼마쯤 있어야 할까, 그런데 앞으로 얼마를 더 벌 수 있을까'다. 그러니 다른 생각이 끼어들 틈이 없다.

이렇게 된 데는 남편 친구들의 영향이 크다. 그의 중학교 동창 모임 여덟 사람 중 네 사람이 일 이 년 사이에 현직에서 물러났다. 그리고 한 친구는 몇 달째 '빨대 부장'으로 버티고 있다. 빨대부장이란 물이 코에까지 차올라도 빨대를 물고 버티는 부장, 즉 아무런 보직 없이 버티는 부장을 말한다. 평생 뼈 빠지게 일해 처자식 먹여 살리고, 겨우 집 한 채 장만해 놓고 나니 어느새 퇴직할 때가 되었다며 그는 허탈해 했다. 부쩍 늘어난 흰머리와 눈 밑에 생긴 다크써클, 그리고 푹 들어간 양쪽 볼이 그를 친구들보다 더 늙어보이게 했다. 한 친구가 그의 어깨를 두들기며 몸만 성하면 다 살아가게 되어 있다고 위로했고, 다들 맞는 말이라며 맞장구를 쳤다.

남편 친구들은 삼십 년 가까이 회비를 모아왔다. 오십대가 되면 그 돈으로 해외여행도 가고 고향에 촌집을 한 채 사서 더 자주 모이기로 약속했다. 이젠 그 꿈도 접을 수밖에 없다. 당장 애들 학비와 생활비가 부족한 친구가 셋이나 되어 그동안 모은 회비를 나누기로 하고 그 날 모인 것이다.

"자라면서도 배불리 먹지 못했는데, 오십대가 되어 다시 밥 걱정을 하다니……."

더 말을 잇지 못하는 친구의 등을 어루만지며 남편도 눈시울을 붉혔다. 나는 탁자 위에 모인 빈 소주병을 한 줄로 세웠다가 다시 두 줄로 세우기를 반복했다. 눈물 그렁그렁한 그들의 얼굴을 차마 볼 수 없어서였다.

전前 코카콜라 회장 '더글러스 태프트'는, 인생이란 다섯 개의 공을 공중으로 던져 올려야 하는 저글링juggling과 같다고 했다. 그 다섯 개의 공이란 일, 건강, 가족, 친구, 자신의 영혼이며, 그 중 '일'이라는 공만 고무로 되어 있고, 나머지 공들은 모두 유리로 되어 있다고 했다. 유리공은 떨어뜨리는 순간 끝장이다. 인생에는 일보다 소중한 것들이 많으며, 그 중 이 네 가지를 잃지 않도록 조심하라는 의미다.

요즘 들어 엉성해진 게 한두 가지가 아니다. 머리숱이 줄면서 머리 밑이 엉성, 종합검진을 받아보니 뼈도 엉성, 이젠 기억력마저 엉성해졌다. 남편과의 사이마저 그리 될까봐 걱정이다. 무더운 여름밤 '앵'하는 소리가 들려오는 즉시 나와 함께 모기를 잡을 사람, 묵은 김장 김치를 같이 쭉쭉 찢어먹을 사람, 그리고 내가 아프면 나를 들쳐 업고 병원까지 뛰어갈 사람이 아닌가. 오십대에 들어 나는 남편을 재발견하게 되었다.

오십대에 들어 달라진 게 또 있다. 사람을 만나는 게 부담스럽지 않다는 거다. 세상에는 정말 이해 못할 일도 없고, 이해 못할 사람도 없다는 생각이 든다. 그래서 택시기사가 "손님, ~~" 하면서 나에게 말을 걸어오면 어떤 주제로든 그와 자연스럽게 대화를 나누게 된다. 오십대를 두고 인간에 대한 이해가 남다른 세대라고 한 이유를 알 것 같다.

사십대까지는 오직 내 자신의 목표만 생각하며 달려왔다. 내 주위에 아픔이나 슬픔이 있어도 그냥 지나쳤으며 다른 누군가가 나서서 해결하겠지 하며 미루기도 했다. 힘든 이를 도와주고 보살피는 일은 바로 그 때 나설 일이었음을 뒤늦게 깨닫는다.

공자는 나이 오십을 가리켜 '지천명'이라고 했다. 아무래도 그 말은 '오십이란 나이에는 할 일이 지천으로 깔려있다'는 의미로 생각된다. 내 삶을 다시 진중하게 저글링해 볼 때다.

사돈을 기다리는 방

 여행을 떠나는 날, 집합 장소에 모여드는 여행자들을 보고 있으면 벌써 여행이 시작되고 있는 느낌이 든다. 어떤 모임에서 온 사람들인지, 나이는 얼마쯤이고 어떤 일을 하는 분들인지 궁금하다. 여행이 시작되면서 이런 궁금증이 하나씩 풀리게 마련인데, 이것도 여행이 주는 재미라고 생각한다.
 지난 여행에는 사돈끼리 온 팀이 있었다. 의외였다. 행여 자식에게 누(累)가 될까봐 격식과 예의를 차리는 사이, 그러다보면 부담스러워 가급적 피하고 싶은 사이라던데, 사돈과 함께 해외여행을 오다니…. 나는 공연히 마음이 쓰여 간간이 그들의 안색을 살폈다. 아들네 부모는 시골에서 한우를 기르고 있다고 했고, 딸의 부친은 고위직 공무원이라 했다. 구릿빛으로 그을린 얼굴에 주름이 자글자글한 아들네 부모와 희고 팽팽한 얼굴에 윤기가 흐르는 딸네 부모는 외모상 무척 대조적이었다.

나는 그들을 이번 여행 팀 중에서 가장 위험한 조합이라 생각했다. 그런데 실은 그 반대였다. 서로에게 맛있는 걸 권하느라고, 또 사양하느라고 그들이 앉은 식탁은 늘 부산스러웠다. 조용한 버스 안에서 소곤소곤 이야기 소리가 들려서 뒤돌아보면 그들이었고, 안사돈끼리 손을 잡고 다닐 때도 있었다. 궁금증을 더 참지 못하고, 사돈끼리 어쩌면 그렇게 다정하게 지낼 수 있느냐고 물었다.

"얼~매나 고맙노. 딸을 자알 길러서 우리 집에 줬으니께."

"아이고, 사돈! 무슨 말인교. 우리 김서방 같은 사위는 이 세상에 없으요."

내가 끼어들 틈도 없이 그들끼리 감사의 말이 오고갔다. 그들에 대한 내 걱정은 이내 부러움으로 바뀌었다.

사돈을 맺는다는 것은 서로 자식을 나누는 일이다. 밥을 나누고, 옷을 나누고, 사랑을 나누는 것도 중요하지만, 자식을 나누는 것만큼 의미 있고 중요한 일이 또 있을까. 내 아들을 사위로 내주고, 대신 그 집의 딸을 며느리로 데려 오는 것이니, 해석하기에 따라 물물교환으로 볼 수도 있다. 그런데 실은 '원 플러스 원' 행사다. 아들과 며느리, 둘 다 내 사람이니 말이다. 사돈 측에서도 마찬가지다. 결혼식장에 가 보면 양쪽 혼주들이 모두 벙글벙글 웃고 있는데, 그 이유가 여기에 있지 않을까.

'사돈' 하면, 나는 왠지 흥부전이 연상된다. 제비가 물어온 박씨, 마침내 여문 박, 박을 타는 순간 '펑' 하는 소리와 함께 나타난 사람들. 조금 더 풀어 쓰면 이렇다. 우연히 만난 두 사람이 인연의 씨앗을 품어 싹을 틔운 뒤, 마침내 사랑의 결실을 맺었을 때 두 사람의 부모에게 돌아오는 선물이 바로 '사돈'이 아닌가 싶다.

사돈끼리는 같은 '펜클럽 회원'이라 할 수 있다. 한 남자와 한 여자가 만나 세상을 그들이 원하는 색으로 물들여가는 걸 지켜보면서, 함께 기뻐하며 기도하는 사람들이다. 새내기 부부 전선에 어떤 이상 기후가 덮치거나 마음 도둑이라도 들까봐 걱정하고, 때로는 119보다 더 빨리 출동하여 급한 불을 꺼주는 '사설 기동대'이며 끝까지 응원석을 지키는 사람들이다.

'사돈' 하고 소리를 내어본다. 입을 크게 벌리지 않아도 되고 높은 음도 아니다. 'ㄴ'받침이라 어감이 단정한 게, 예의가 내장되어 있는 말 같다. 우리 부부만큼 내 아들 딸을 걱정하고 잘 되기를 바라는 동지가 생긴다면 얼마나 마음이 든든할까.

사돈을 맺기 전에 걱정되는 부분이 없는 건 아니다. 자식을 제대로 가르쳐 보려고 했지만 놓친 부분도 꽤 있을 것이다. 오랫동안 만들어 온 다큐멘터리 영화의 개봉을 앞두고 있는 감독처럼, 마음이 설레기도 하고 걱정스럽기도 하다.

결혼 준비를 하는 중에, 혼수나 신혼집을 장만하는 문제로 사돈끼리 마음을 상하는 경우가 많다고 한다. 결혼하면 부디 잘 살아야 한다고 한 손으로 어깨를 두드리면서, 다른 한 손으론 예비 가정에 불화의 씨앗을 뿌리는 격이다. 키 큰 사람과 키 작은 사람이 대화를 할 때 키가 큰 쪽에서 약간 고개를 숙여주는 게 필요하듯, 형편이 나은 쪽에서 먼저 사돈을 배려하고 이해한다면, 결혼 준비도 하나의 축제처럼 진행되지 않을까. 만나면 즐겁고 마음 편한 사돈을 만나려면, 내가 전생에 쌓아놓은 덕이 많아야 할 텐데….

 오늘 저녁, 아들의 전화 목소리가 평소와 달랐다. 한 옥타브쯤 올라가 있었다. 엄마의 직감이란 강력계 형사보다 더 정확한 법, 역시 좋은 일이 있었다. 직장 선배의 주선으로 한 아가씨를 진지하게 만나고 있다고 했다. 그 소식에 내 마음은 이내 '조심 모드'로 바뀌었다. 부디 이번에는 제대로 싹이 트는 박씨였으면 좋겠다.

 마음이 울렁거린다. 이제 내 마음에 새로 방 하나를 들여야 하는 걸까, '사돈을 기다리는 방'을.

기다린다는 것은

아무리 음식 맛이 좋은 식당이라 해도 대기하는 줄이 길면 남자들은 이내 발길을 돌린다. 그런데 여자들은 대개 포기하지 않는다. 한 삼십분 기다려서라도 그 집 음식을 꼭 먹고야 만다.

여자들이 남자들보다 더 잘 기다리는 이유는 뭘까. 그것은 어쩌면 아기를 가진 열 달간의 기다림 때문인지도 모른다. 그 열 달은 그냥 기다림이 아니다. 모차르트의 피아노 협주곡을 들으면서, 반듯하고 예쁜 과일을 골라 바구니에 담으면서, 또 아이가 어찌 생겼을까 마음속에 수도 없이 그려보면서 이어가는 기다림이다.

내 흑백사진 중에서 가장 편안한 얼굴을 하고 있는 것은 아이를 낳기 일주일전에 찍은 사진이다. 사진 속의 나는 망초꽃이 하얗게 핀 강둑에 앉아 흘러가는 강물을 내려다보고 있다. 강물처럼 속이 깊고 의연한 아이를 기다리며 강물을 보았던 것 같다.

무언가를 기다리는 동안의 가벼운 흥분을 나는 좋아한다. 소풍 당일보다 소풍가기 전날 밤 마당에 서서 밤하늘을 올려다보는 게 좋고, 소풍날 아침 잠결에 맡는 고소한 참기름 냄새와 '다박다박' 들려오는 도마소리가 좋다. 손님을 청해놓고 음식을 만들어 상을 차릴 때와 그가 앉을 자리를 가늠해 보며 방석을 놓을 때도 좋다.

때로는 내가 기다림에 발목을 잡혔다는 생각도 든다. 기숙사 생활을 하는 아들이 돌아오는 토요일 오후를 기다리고, 멀리 가 있는 남편의 전화를 기다리고, 계단을 오르는 발자국 소리가 행여 우리 집 앞에서 멈추려나 숨을 죽이기도 한다.

남북 이산가족의 만남 중에서 가장 안타까웠던 것은 세월을 비껴간 사랑이었다. 재혼을 하지 않고 기다린 사람, 재혼은 했지만 사무치게 그리웠던 얼굴을 보겠다는 사람, 재혼을 해서 만나지 않겠다는 사람 등, 그들의 갖가지 사연이 우리의 마음을 울렸다. 새색시일 때처럼 손톱에 봉숭아물을 들이고 백발을 감추려 염색을 한 할머니 앞에 나타난 그의 남편은, 움푹 들어간 눈에다 얼굴에 주름이 자글자글했고 와락 껴안기라도 하면 그대로 바스러질 것 같은 모습이었다. 너무나 늙어버린 남편을 보는 순간 자신의 삶이 한 줌의 재로 무너져 내리는 것 같더라며 할머니가 눈시울을 붉혔다. TV를 보던 나도 눈물이 핑 돌았다. 할머니의 한결같은 기다림이 고결해 보였다. 기다림이란 '혼자 도는 바람개비가 아닐까 싶었다.

이런 기다림도 있다. 알프스산맥 등정을 떠난 어느 남편이 등반 중에 실종되고 말았다. 크레바스에 빠졌는지 눈보라 속에서 길을 잃어버렸는지 알 수 없었다. 아내는 남편이 묻혔을 계곡의 입구에 거처를 정하고 계곡의 눈이 녹기를 기다렸다. 그로부터 삼십 여 년이 지난 어느 날, 정말 기적 같은 일이 일어났다. 그 옛날 집을 나설 때 아내가 매어준 스카프를 목에 그대로 두른 채, 계곡을 돌고 돌아 남편은 이십대 청년의 모습으로, 나이 오십을 훨씬 넘긴 아내의 품에 돌아왔다. 그들의 사랑을 천상의 것으로 승화시킨 것은, 바로 그 '지독한 기다림'이었다.

기다림을 만약 어떤 부호로 표현한다면 '……'가 될 것이다. 말 없이 한 방향을 응시하고 있는 모습이다. 자기 분야에서 일가一家를 이룰 사람들에게 소감을 물으면 대개 "그동안 나를 믿고 말없이 기다려준 아내에게 (또는 남편에게) 감사한다."는 말을 한다. 그들이 맺은 열매가 더 웅숭깊은 맛을 지니게 되는 것도 배우자의 조용한 기다림이 있었기 때문이리라.

선상船上에 있는 남편과 통화를 할 때, 나는 "사랑한다"는 말 대신 "기다리고 있다"고 말한다. 기다린다는 말의 은유적 이미지가 좋고, 그 말이 지닌 무광無光이 좋다. 또 기다리는 사람은 고개를 모로 돌리지 않는다. 작은 민들레꽃 하나가 제 꽃잎을 다 펼 때까지 자리를 뜨지 않고 지켜 보아주는 것, 그것이 바로 기다림이다.

나의 기다림이 어느 누구의 가슴에서 희망으로 점등되기를 소망하는, 나는 '기다림'이다.

[연보]

- 1957년   경북 칠곡군 왜관읍에서 출생
  왜관국민학교와 순심중학교를 졸업
- 1973년   대구여고에 입학
- 1977년   경북대학교 사범대학 영어교육학과에 입학
- 1981년   경북 영덕군 영해중학교에 부임
- 1982년   대구 경산여자중학교로 학교를 옮김
- 1998년   시인이자 수필가이신 유병근선생님 문하에서 수필을 배우기 시작함
- 2000년   《에세이문학》 여름호에 '지하철 역에서'로 초회 추천, 같은 해 겨울호에 '밥'으로 완료추천 됨
- 2003년   부산일보 신춘문예 수필부문에 수필 '풍로초' 당선됨
- 2005년   수필집 《소금쟁이 연가》 출간함.
  수필 '버드나무'가 《한국의 명수필·2》에 수록됨
  (을유문화사)
- 2006년   제24회 현대수필문학상 수상함
  〈에세이스트사〉에서 선정한 '제1회 올해의 작품상' 수상
  (수상작 '미얀마선원')
- 2010년   중학교 1학년 국어교과서에 수필 '동생을 업고'가 수록됨(대교출판사)
  - 부산문인협회 수필분과위원회에서 선정한 '제1회 올해

· 2011년   의 작품상' 수상함(수상작 '기차는 그냥 지나가지 않는다')
· 2011년   부산일보 〈토요에세이〉에 수필 '언플러그드 풍경' 발표함
· 2012년   EBS FM 방송의 〈수필콘서트〉에서 수필 '돼지고기 반 근', '동생을 업고', '버티고'가 낭독됨
  · 수필 '버드나무'가 《마음을 다독이는 한국의 명수필》에 수록됨 (을유문화사)
· 2013년   중학교 국어교과서에 수필 '크레파스가 있었다'가 수록됨 (좋은책신사고)
· 2013년 12월~2014년 2월   부산일보 예술인칼럼 '판'에 칼럼 연재함
· 2013년   수필집 《봄은 서커스 트럭을 타고》 출간
  · 수필 '갑과 乙'이 《2013년 한국의 좋은 수필》에 수록됨 (서정시학 펴냄)
· 2014년   〈에세이스트사〉에서 선정한 '2014년 올해의 작품상' 수상함 (수상작 '언플러그드 풍경')
  · 제6회 정과정문학상 수상함
  · 부산일보 토요에세이에 수필 '고등어' 게재됨
  · 조선일보 에세이 코너에 수필 '오늘은 신문처럼, 내일은 신문지처럼' 발표함
  · 부산문인협회 회원
  · 한국수필문학진흥회 기획위원
  · 〈에세이부산 문학회〉 회원

현대수필가 100인선 Ⅱ - **07** 정성화 수필선
돼지고기 반 근

초판 인쇄 2014년 12월 24일
초판 발행 2014년 12월 31일

지은이 정성화
펴낸이 서정환
펴낸곳 수필과비평사 · 좋은수필사
주소 서울시 종로구 삼일대로 32길 36(익선동 30-6 운현신화타워 빌딩) 305호.
전화 (02) 3675-5633, (063) 275-4000 · 0484 **팩스** (063) 274-3131
이메일 sina321@hanmail.net essay321@hanmail.net
출판등록 제 300-2013-133호
인쇄 · 제본 신아출판사

저작권자 ⓒ 2014, 정성화
이 책의 저작권은 저자에게 있습니다. 서면에 의한 저자의 허락없이 내용의
일부를 인용하거나 발췌하는 것을 금합니다.

저자와 협의, 인지는 생략합니다.
잘못된 책은 바꿔 드립니다.

ISBN 979-11-85796-45-1 04810
ISBN 979-11-85796-15-4 (전100권)

값 7,000원

이 도서의 국립중앙도서관 출판시도서목록(CIP)은 서지정보유통지원시스템 홈페이지
(http://seoji.nl.go.kr)와 국가자료공동목록시스템(http://www.nl.go.kr/kolisnet)에서 이용하
실 수 있습니다.(CIP제어번호: 2014038372)

Printed in KOREA